June Miller

Maria – Die Mutter Jesu

Für Frauen von Heute

Verlag der
Francke-Buchhandlung GmbH
Marburg an der Lahn

Die 1. Auflage erschien unter dem Titel »Gott und das Unmögliche«

CIP-Titelaufnahme der Deutschen Bibliothek

Miller, June: Maria – die Mutter Jesu : für Frauen von heute / June Miller. – 2. Aufl. –
Marburg an d. Lahn : Francke, 1990
(Edition C : F, Brennpunkt die Familie ; 32)
ISBN 3-88224-744-4
NE: Edition C / F

2. Auflage 1990
Alle Rechte vorbehalten
Originaltitel: THE GOD OF THE IMPOSSIBLE
© 1975 by The Zondervan Corporation, Grand Rapids, Michigan, USA
© der deutschsprachigen Ausgabe
1978 by Verlag der Francke-Buchhandlung GmbH
3550 Marburg an der Lahn
Deutsch von Ruth Müller
Umschlaggestaltung: Herybert Kassühlke
Gesamtherstellung: St.-Johannis-Druckerei, 7630 Lahr

Edition C, Nr. F 32

Inhalt

Vorwort 7

1. Sie lebten glücklich miteinander – selbst danach 11
2. Überlassen Sie das Steuern Gott 26
3. Schönheit beginnt unter der Haut 38
4. Das Abbild Gottes 48
5. Herr, du hast nie gesagt, ich könnte nicht 61
6. Wie man reich wird ohne Geld 74
7. Gott weiß, wie man Kinder erzieht 86
8. Besser – nicht bitter 104
9. Wann haben Sie das letzte Mal von Gott gehört? 115
10. Unternehmungen mit Jesus 126
11. Springen Sie! Die Arme Gottes sind stark genug. 136
12. Glücklich und frei – nach dem Grab 149

Vorwort

Das Licht in dem langen Korridor der Klinik war trübe und reichte nicht aus, um das eingewickelte Bündel neuen Lebens, das ich in meinen Armen hielt, recht betrachten zu können. Jedes der kleinen Glieder war Teil eines komplizierten Plans und hatte seine bestimmte Bedeutung für die zahllosen Bewegungen des kleinen Körpers. Einer, der solche unglaubliche Präzision schaffen konnte, hatte sicher auch einen Plan und ein Ziel für dieses Sein. Ich fragte mich, was die Zukunft meinem Kind wohl bringen werde?

Die Geburt ist ein Wunder, an dem zwei Menschen beteiligt sind. Aber Wunder werden nicht von Menschen geplant, und oft werden sie nicht gewünscht oder erkannt. Es ist leichter, die Geschehnisse im Leben dem Zufall oder dem Glück zuzuschreiben. Oft hört man bei Erfolg oder Verlust, bei Krankheit oder Tod die Menschen sagen: »Da hab' ich halt Glück gehabt«, oder im anderen Fall: »Pech gehabt!« – »Das sind halt Zufälle des Lebens.«

Jahrelang sah ich meine Ehe als einen solchen Zufall an. Denn weder Hal noch ich hatten uns träumen lassen, daß unsere zwanglose Verabredung zum Mittagessen wenige Stunden später in einer Trauzeremonie enden würde. Aber selbst das war für Gott kein unbekanntes und sinnloses Geschehen, obwohl ich von der Existenz dieses Gottes nichts wußte. Trotzdem kannte er mich. Und sein Plan sollte sich entfalten, um fantastische Abenteuer zu offenbaren, die mir jetzt noch verborgen waren.

Ich wußte nur, daß ich eine Frau war, die in einer schwierigen Welt lebte. Ich war verheiratet und unglücklich. Ich wollte eine Lösung für meine Probleme finden. Aber wo sollte ich mich hinwenden? Die prächtigen Verpackungen in den Supermärkten waren wertlos. Auch die noch so geschickte Werbung, die Unterhaltung, Fortbildung und Selbsthilfeprogramme anbot, konnte keinen Frieden und kein Glück in einsame nächtliche Stunden bringen. Es war, als ob ich von unmöglichen Ereignissen getrieben würde, als ob ich mich auf einem jener riesigen Vergnügungsdampfer an der Küste Kaliforniens befände, mit Gelächter, vielen Tränen, plötzlichen Stößen und furchterregendem Schlingern.

Dann machte ich eines Tages eine fantastische Entdeckung. Alles, was sich bisher in meinem Leben zugetragen hatte, war Teil eines Bildes, das Gott malte; nicht in Öl, sondern in den Ereignissen des Lebens. Alle scheinbaren Verluste und unglücklichen Erfahrungen besaßen eine Seite, die ich noch nie gesehen hatte. Und der Schlüssel zu diesen mir bis dahin verborgen gebliebenen Abenteuern lag in Jesus Christus.

Hier war ein wirklicher, ein lebendiger Gott, der in jeder Situation Herr der Lage war und unerschöpfliche Kraftquellen anbot. Erstaunliche Dinge geschahen, als er anfing, mir seine einfachen, praktischen Richtlinien für ein glückliches Leben zu enthüllen. Das waren Lösungen, die in dem täglichen Kleinkram anwendbar waren und Resultate brachten. Sie gaben Antwort auf Fragen wie: Was mache ich mit meinen Kindern? Wie komme ich mit 1000 DM aus, wenn ich 5000 brauche? Was ist mit meiner Gesundheit? Was mache ich mit meinen Sorgen und Ängsten und mit meiner Einsamkeit? Wird mich mein Mann je so lieben, wie ich das möchte? Was ist mit der Führung meines Mannes in der Familie und mit seiner geistlichen Verantwortung? Was wird aus meinem persönlichen Leben? Wird es nur aus Kochen und Waschen und Schulsorgen der Kinder bestehen? Was wird die Zukunft bringen? Kann die Astrologie eine Antwort geben? Oder die transzendentale Meditation? Oder Psy? Wie kann ich je dem Tod entgegensehen? Und was wird danach geschehen?

Ich erkannte, daß es eine Frau gegeben hat, die alles erlebt hat, was ich mir je vorstellen könnte. Sie hieß Maria. Sie war ein Niemand, den Gott erwählte, um ein Jemand zu werden! Ihr Name ist durch die Führung Gottes der bestbekannte Name unter Millionen von Menschen und zahllosen Generationen geworden. Keine Frau hat je die Weltgeschichte so beeinflußt wie die eine, die die Mutter des Herrn Jesus wurde. Und doch ist ihre Geschichte als Frau ziemlich unbekannt. Was wir allerdings davon wissen, ist bis zum Rand mit einem Reichtum angefüllt, der für alle Fragen und Probleme ausreicht.

Ich lebe heute unter dem Druck unseres hektischen Zeitalters, und Maria lebte vor fast 2000 Jahren; aber der Gott, der sie liebte und lehrte und ihr Leben bewahrte, tut dasselbe heute für mich. Ich möchte ihr Leben und das meine auf diesen Seiten mit Ihnen, meinen Lesern, teilen. Ich weiß, Sie werden die Begeisterung mit mir teilen und wie ich ausrufen: »Wie konnte ich nur so lange Zeit das alles nicht sehen?« Wenn wir zusammen unsere Nichtigkeit erkennen, die Gott durch seine Größe ersetzen will, werden wir gemeinsam seine Herrlichkeit widerspiegeln. Unsere unmöglichen und ausweglosen Situationen sind nur Einladungen, die Größe und Allmacht Gottes in unserem Leben wirksam werden zu lassen. Er ist nicht begrenzt durch unsere Unmöglichkeiten, bei ihm sind alle Dinge möglich.

1 Sie lebten glücklich miteinander – selbst danach

Ich hatte absolut keine Absicht, in den nächsten Jahren zu heiraten, trotzdem sollte ich in vier Stunden die verwundertste Braut der Welt sein.

Das einzig Normale an diesem Septembertag war die Tatsache, daß der Himmel blau und das Gras grün war. Bei Temperaturen nahe 30 Grad hatte Hal darauf bestanden, daß ich zu unserem verabredeten gemeinsamen Mittagessen einen kunstvoll bestickten rosa Mantel und das dazu passende Kleid tragen sollte. Aber der wirkliche Schock kam erst kurze Zeit später, als Hal sagte: »June, du wolltest mich schon längst einmal deinen Eltern vorstellen, ich denke, heute wäre das sehr passend.« Und nach kurzem Zögern fuhr er fort: »Auf dem Weg könnten wir uns die Heiratslizenz besorgen – denn eines Tages werden wir vielleicht heiraten.«

Diese Worte waren bar jeder Romantik, aber nachdem wir ein Jahr lang »zusammen gegangen waren«, hielt auch ich sentimentale Worte jetzt nicht für so wichtig. Der Inhalt der kurzen Rede war jedenfalls vollkommen klar und logisch.

Ich erinnere mich nicht mehr daran, was wir gegessen haben, aber kurze Zeit später waren wir im Standesamt. Wir wurden von einem Beamten zum anderen geschickt, nur um zu erfahren, daß wir die Unterschrift der Eltern brauchten. Die 30 Minuten lange Fahrt zum Haus meiner Eltern schien uns Stunden zu dauern. Warum rollte der Verkehr nur so langsam, wenn wir keine Zeit hatten? Die Büros würden bald schließen, und wir hatten ausgemacht, daß ich Mutters Unterschrift jetzt erlangen und ihr später alles erklären sollte. Schließlich wollten wir uns vorerst ja nur die Lizenz beim Standesamt besorgen.

In der Nähe unserer Wohnung hielten wir an, und Hal führte schnell ein Telefongespräch, während ich ins Haus rannte, mit einem zusammengefalteten Papier in der Hand, das nur eine freie Unterschriftslinie sehen ließ. Außer Atem rief ich meiner Mutter zu:

»Mutter, unterschreibe bitte schnell, ich bin gleich wieder zurück und werde dir alles erklären!« Um einer Frage vorzubeugen, fügte ich hinzu: »Es ist nur wegen einer Änderung des Arbeitsplatzes. (Und was für eine!) Vertraue mir nur ein paar Minuten, ich komme gleich mit einer schönen Überraschung zurück.«

Aber wir waren diejenigen, die eine Überraschung erleben sollten! Der Beamte in der Registratur verstand seine Arbeit, und wir hatten die notwendigen Papiere bald zusammen. Als wir das malerische Rathaus verlassen wollten, rief uns jemand zu: »Seid ihr nicht das junge Paar, das heiraten wollte?« Ein kleiner untersetzter Mann mit einem weißen Bart wies uns einen dunklen Korridor entlang.

Hal flüsterte: »Wahrscheinlich haben wir etwas vergessen zu unterschreiben. Laß es uns schnell tun.«

Der Mann, der sich selbst zu unserem Führer gemacht hatte, komplimentierte uns durch eine Drehtür in die Mitte eines dämmrigen Raumes. Er nahm ein schwarzes Buch in die Hand und schaute uns über seine Brille hinweg an. »Bitte sprechen Sie mir nach . . .« Nach drei oder vier monotonen Sätzen sprach er die Schlußformel aus: »Ich erkläre euch hiermit als Mann und Frau!«

In naiver Verwunderung fragte ich: »Muß man all das über sich ergehen lassen, nur um eine Lizenz zu bekommen? Das ist ja fast wie heiraten!«

In offensichtlicher Verwirrung sagte der Mann: »Meine Dame, Sie *sind* verheiratet! Wollten Sie nun heiraten oder nicht?« Erst jetzt sah ich die beiden verschlafenen Zeugen im Hintergrund des Raumes; sie nickten. Plötzlich fing alles um mich herum an sich zu drehen. Ich hörte Hal wie von einem anderen Planeten her sagen: »Es ist schon in Ordnung, Herr. Wir wollten sowieso heiraten – eines Tages.«

Der alte Mann wühlte in seinen Papieren herum und schnaubte: »Die Schwierigkeit mit euch jungen Leuten ist immer, daß ihr nicht wißt, ob ihr heiraten oder euch scheiden lassen wollt. Für heute ist das Standesamt geschlossen. Wenn ihr noch etwas wollt, müßt ihr morgen noch einmal kommen!«

Wir fanden unseren Weg allein durch die Gänge zurück und standen wie verloren auf der Außentreppe.

»Hal, was haben wir getan?«

»Ich glaube, wir haben gerade geheiratet.«

»Aber wir können doch nicht verheiratet sein . . . Ich habe gar kein Hochzeitskleid, und du hast keinen Ring! Da sind keine Geschenke und keine Gäste! Wir können nicht einmal eine Hochzeitsreise machen, wir müssen ja morgen wieder arbeiten! Und unsere Eltern sind nicht hier; du hast meine nicht einmal kennengelernt!« Worte kamen wie die Teile eines Puzzles, das man erst zusammensetzen muß.

»June, laß uns den Tatsachen ins Auge sehen. So hatten wir die Dinge nicht geplant, aber es ändert eigentlich nichts an der Sache: Ich liebe dich, und du liebst mich. Wir werden noch einmal heiraten, mit kirchlicher Zeremonie und allem Drum und Dran. Aber im Moment müssen wir da anfangen, wo wir sind. Laß uns zu dir nach Hause gehen. Aber erzähle nichts von dem, was passiert ist. Wir werden deine Eltern zum Essen einladen, und sie haben eine Stunde oder so, um mich in Augenschein zu nehmen, bevor wir ihnen alles erklären.«

Einige Minuten später öffnete Mutter uns die Tür. Sie sah so klein und vertrauensvoll aus. Ohne jede Warnung oder Einleitung plärrte ich heraus: »Mutter, ich bin verheiratet!« Und Mutter fiel in Ohnmacht.

Wir wußten nicht, daß unsere »kirchliche Trauung« erst 26 Jahre später stattfinden sollte und daß die anwesenden Gäste unsere eigenen fünf Kinder sein würden. Manche Dinge bleiben uns für den Augenblick besser verborgen.

Aber in dieser Unkenntnis verlassen wir uns oft auf Gefühle. Wie fühlt sich ein Mädchen, das seine Hochzeit gerade »verpaßt« hat? Nachdem sich die ersten Auswirkungen des Schocks verloren hatten, war mein größter Feind mein Selbstmitleid. Das Schicksal war der Sündenbock, der meine Träume gestohlen hatte. Die Schuld hinterließ tiefe Spuren, als ich sah, wie verletzte Eltern nicht über ihre Enttäuschung hinwegkamen. Wie konnte ihnen ihr Kind nur so etwas antun?

Die Möglichkeit einer wirklichen Hochzeit wurde uns bald durch den Ausbruch des Zweiten Weltkriegs genommen. Der Schmerz der

Trennung und Einsamkeit, Krankheit, ungenügendes Einkommen und die schwierige Geburt unseres ersten Sohnes waren einige der dunklen Fäden, mit denen Gott anfing, unsere Zukunft zu weben. Wir sollten lernen, diese dunklen Töne zu schätzen; denn sie konnten unserem Leben größeren Gehalt schenken und die hellen Töne, die in unser gemeinsames Lebensmuster einfließen würden, noch schöner machen.

In den folgenden Jahren entdeckte ich, daß es nicht so wichtig ist, was passiert oder warum oder wo Dinge geschehen. Denn früher oder später geschieht den meisten von uns dasselbe. Jeder von uns erlebt Geburten, Tod, Verluste und Gewinne, Krankheit und Gesundheit, Einsamkeit und Gemeinschaft, Schmerz und Glück. Unser Leben wird beeinflußt von Eltern, Vormündern, Lehrern, Arbeitgebern, Pastoren, Freunden, Familiengliedern und der Gesellschaft im Ganzen. Keiner der Menschen, mit denen wir in Kontakt kommen, wird je eine völlig zufriedenstellende Gemeinschaft mit uns führen. Aber es sind nicht ihre Fehler und ihre Unvollkommenheiten, die uns Schaden zufügen. Viel mehr ist es unsere Haltung ihnen gegenüber und unsere Reaktion auf ihr Verhalten, was unsere Zukunft formt. Jede Erfahrung wird zum aufbauenden oder zum zerstörenden Faktor, je nach dem Standpunkt, den wir einnehmen.

Aber wie finde ich das Gute heraus, wenn mein Herz wehtut und ich mich verlassen und zerschlagen fühle? Ich muß mich nie nach Problemen umschauen, sie kommen immer haufenweise auf mich eingestürmt. Ich brauche Lösungen, die praktikabel sind, keine vagen Antworten, die mein Leben unverändert lassen. Manchmal sehe ich die Nöte sich haushoch türmen und möchte in Tränen ausbrechen, aber wenige Minuten später singe ich schon wieder. Erstaunt stelle ich fest, daß sich an meinen Problemen nichts geändert hat; sie waren genauso wirklich und genauso ungelöst wie vorher. Nur ich hatte mich herumgedreht und sah jetzt die Kraftquelle Gottes statt meine Nöte. Die Freude kann in jeder Lage bestimmend sein, wenn wir erkennen, daß Gott das Geschehen steuert. Die Augen des Glaubens können den Schleier der Gefühle durchdringen. Der Glaube kann uns von dem Gedanken der Unfähigkeit und den verletzten Gefühlen freimachen und zu positivem Tun befähigen.

Aber wie kann ich diese kurzen Augenblicke der Befreiung und

Entlastung verlängern, wie können sie das ganze Leben umschließen? Wie kann ich etwas finden, das die Haltung meiner Kinder zueinander verändert, ganz zu schweigen von einem Mittel, das mich befähigen würde, die Mutter und die Ehefrau zu werden, die ich respektieren könnte?

Wie ein Kind, das nach vergrabenen Schätzen sucht, habe ich das Leben Marias, der Mutter unseres Herrn und Heilands, durchforscht. Die Suche wurde mit erstaunlichen, praktischen Ratschlägen für mein alltägliches Leben belohnt. Das Leben Marias als Frau, Ehefrau und Mutter zeigt uns ein meisterhaftes Beispiel, dessen Nachahmung unser ganzes zukünftiges Leben mit einem Glück erfüllen kann, das wir uns nie hätten träumen lassen. Wenn wir die Ereignisse in unserem Leben mit den Situationen vergleichen, die Maria erlebte, so können wir dadurch mehr gewinnen als durch alle Gruppentherapien und Psychoanalysen.

Was ist das Geheimnis von Marias erstaunlicher Anpassungsfähigkeit? Es ist nicht leicht, die eigenen Pläne beiseitezustellen (besonders die Hochzeitspläne) und stattdessen die Pläne eines anderen zu akzeptieren, auch nicht, wenn dieser andere der allmächtige Gott ist. Meine Pläne mögen im Gegensatz zu dem, was Gott mit mir beabsichtigt, viel zu klein sein; aber es sind meine Pläne. Ich träume von einem glatten, leichten Leben, aber das würde mir auf die Dauer wahrscheinlich nur langweilig werden, ganz zu schweigen von der Verflachung, die es bringen würde. So gibt Gott mir die Energie, um kleine Berge zu erklimmen, von denen ich die fantastischen Höhen erblicken kann, die noch vor mir liegen. Es sind die Gelegenheiten und Herausforderungen in jeder schwierigen Lage, die unser Leben und unsere Persönlichkeit entwickeln, damit wir in späteren Jahren nicht leer und unfähig dastehen.

Aber die Jugend möchte die Dinge perfekt haben: die ideale Zeit zum Heiraten, eine Hochzeit mit allem, was dazu gehört, und ein Heim, in dem man sich wohlfühlt. Durch alle Jahrhunderte hindurch hat sich Kriegsgeschrei in Hochzeitsglocken gemischt. Die Zeit hat die aggressive Natur der Menschen nicht verändert. Vor der Geburt Christi hat es Schlachten gegeben, und in unserer ist das Kriegsgetöse lauter und sind die Schlachtfelder größer geworden. Meine Hochzeit stand unter dem Schatten von Pearl Harbour und dem Zweiten Weltkrieg, und meine Kinder erleben den Konflikt in Korea und Vietnam und den explosiven Nahen Osten.

Das Leben in unserem Jahrzehnt ist wie der Ablauf der Geschichte seit Jahrtausenden. Die Zeitung von heute morgen könnte die Jahreszahl nach Chr. tragen; denn ihre Spalten sind voll von Kriegsdrohungen und Friedensversprechungen, und die Friedensbemühungen gehen um dieselbe Gegend, in der Maria ihre Hochzeitspläne entwarf. Wir sehen unsere heutige Kultur in dem Spiegel der politischen Ereignisse, die den Hintergrund ihres Lebens bildeten. Verbrechen und Intrigen und die Schreie von Radikalen waren für Maria nicht neu.

Politische und geschichtliche Parallelen

Nach der alles verschlingenden Flut des Eroberers Alexanders des Großen war es Judas Makkabäus gelungen, das Land von Ägypten bis zur arabischen Wüste zurückzugewinnen. Ein Nachkomme seines Hauptratgebers aber hatte sich und sein Land an Rom verkauft und galt nun als König der Juden.

Internationale Gunsterweisungen, die durch diplomatische Verbindungen zustande kommen, sind uns nichts Neues. Um seine schwache Position bei den einflußreichen Juden zu stärken, hatte Herodes dem Volk einen Tempel erbaut. Er hatte seine eigene Methode von freier Religionsausübung. Unmittelbar an der Westseite des Tempels hatte er ein Fort errichten lassen, um jede Bewegung der Leute, selbst beim Gottesdienst, überwachen zu können. Er besaß kein computergesteuertes Überwachungssystem, trotzdem hielt er den Finger am Pulsschlag des Volkes. Er war ein Gefangener derer, die er zu versklaven trachtete; denn er lebte in ständiger Angst vor Ermordung. Schuld ruft die Angst auf den Plan, und die Erinnerung an die Hinrichtung seiner Frau, mehrerer Söhne und 50 führender Männer der Juden ließ ihn keine Ruhe mehr finden.

Die Wolken am politischen Himmel waren dunkel. Und je trüber die Aussichten wurden, um so heller strahlte die Verheißung Gottes. Hatte er nicht gesagt, daß zu der von ihm bestimmten Zeit der Messias kommen würde? Ein Mann, von dem die Leute glaubten, daß er dem Land Frieden und Gedeihen, Freiheit und Gerechtigkeit bringen würde?

Parallelen im kulturellen Bereich

Es war allgemein bekannt, daß Gott eines Tages in seiner Allmacht und Güte eine Frau auserwählen würde, die den Messias, den Befreier, gebären sollte. Vielleicht war es eine der aufregendsten Fragen bei den »Kaffeekränzchen« der Jüdinnen, wer wohl diese Frau sein würde!

Wahrscheinlich würde sie doch unter den reichsten Familien des Landes zu suchen sein; denn ein Kind, das in einflußreicher Gesellschaft aufwächst, ein junger Mann, der in politischen und intellektuellen Zirkeln verkehrt, würde überall sofort akzeptiert werden. Aber die klügste Logik der Menschen kann absolute Unwissenheit bedeuten, wenn sie nicht durch den Glauben geleitet wird. Gott braucht keine menschlichen Vorteile, um seine Pläne auszuführen. Er benutzt Intellekt, Reichtum und Kultur, denn er gab sie. Aber er ist in seinem Wirken nicht an ihre Grenzen gebunden. Er kann die ungelehrten, armen und körperlich behinderten Menschen, die bereit sind, Unmögliches von ihm zu erwarten, sehr wirkungsvoll für seine Ziele einsetzen. Gott sieht nicht die Person an, er ist nicht parteiisch, er ist ganz und gar unbegrenzter Gott. Kleine Fähigkeiten, ihm bedingungslos zur Verfügung gestellt, werden zur unerschöpflichen Quelle, während große Reserven, halbherzig gegeben, wirkungslos versickern. Wie oft vergessen wir doch die wunderbare Tatsache, daß Gott es ist, der uns aus seinem Reichtum geben möchte. Er bietet uns Christus an – nicht erst für die Ewigkeit, sondern für heute, in dem alle Schätze verborgen liegen und der all unsere Unzulänglichkeit ausgleichen kann.

Es ist schon schwierig, uns klarzumachen, wie wir uns selbst sehen; aber eine noch schwerere Frage mag wohl sein: Was denken wir darüber, wie Gott uns sieht? In unserer Antwort wird sowohl deutlich, wie wir Gott sehen, als auch, was wir von uns selbst halten. In Hebräer 11, 6 lesen wir: »Ohne Glauben ist es unmöglich, Gott zu gefallen; denn wer zu Gott kommen will, muß glauben, daß er ist und daß er denen, die ihn suchen, ein Vergelter sein wird.« Jesus sagt: »Denn Gott hat seinen Sohn nicht in die Welt gesandt, um die Welt zu richten, sondern damit die Welt durch ihn gerettet wird« (Joh. 3, 17).

Natürlich können wir unsere Gedanken über Gott leicht verbergen, wenn wir zitieren, was wir glauben *sollten*. Vielleicht wäre es interessant, wenn wir ein Bild von Gott malen würden, so wie wir ihn uns vorstellen.

Bevor ich von einem Gott hörte, der liebt, stellte ich ihn mir als einen strengen, unnahbaren Richter mit einer furchterregenden Waage vor, auf der er Untaten und Gerechtigkeit abmißt. In einem Augenblick sehnte ich mich danach, ihn kennenzulernen, und im nächsten Augenblick fürchtete ich mich davor, auch nur an ihn zu denken. Meine Vorstellungen von einem zornigen, rachedurstigen Richter entsprangen meinen Erkenntnissen über meine eigenen Fehler und meine Schuld. Und ich wußte nicht, was ich damit tun sollte.

Zu anderen Zeiten stellte ich mir Gott als eine Art dunkle, jagende Wolke vor, als eine entfernte unpersönliche Kraftquelle. So lange Gott nur eine einflußnehmende Kraft blieb, war ich ihm keine Antwort schuldig und brauchte mich nicht persönlich vor ihm zu verantworten. Denn wie kann man mit einer unfaßbaren Kraft reden oder sie gar lieben?

Andere Leute, die ich kannte, schienen Gott als freundlichen, alten Mann zu betrachten, der alles toleriert, Kindern gutmütig den Kopf tätschelt und gönnerhaft sagt: »Du hast ja getan, was du konntest.« Wie konnte ich mein Leben, meine ganze Zukunft, selbst die Ewigkeit einem wohlwollenden, alten Mann anvertrauen?

Wie unglaublich, wenn man dann feststellen muß, daß es tatsächlich einen persönlichen Gott gibt, der »über dem Kreis der Erde thront« (Jes. 40, 22) und »auf einer schnellen Wolke fährt« (Jes. 19, 1).

Ja, Gott war da, ehe das alles gemacht wurde. Er hat die Erde gegründet. Er läßt die Gestirne mit erstaunlicher Präzision ihre Bahn laufen. Und dieser selbe Gott sorgt für mich! Er hat sogar durch seinen Heiligen Geist in mir Wohnung genommen, er hat mir sein Leben geschenkt. Ich kann mich selbst achten, denn Gott achtet mich. Er achtet auch Sie. Sie sind ihm kostbar, denn er hat seinen Sohn für Sie hingegeben.

Gott sorgte auch für Maria. Sie hatte Gott viel zu geben – ihr ganzes Leben voller Pläne. Ihre Pläne wurden verändert, und ihr Leben sah zu manchen Zeiten völlig verworren aus. Aber das schien nur so, weil Maria das Endresultat nicht sehen konnte, das Gott im Sinn hatte.

Das erste Zeichen dieser Veränderung kam mit der Mitteilung der überraschendsten Nachricht, die die Welt je gehört hat. Sie wurde nicht über das Fernsehen allen Menschen bekanntgegeben. Nein, sie wurde durch einen Engel einer einzigen Frau anvertraut. Ich wüßte gerne, wie dieser Bote ausgesehen hat. Aber es war nicht sein Aussehen, das Maria in Verwunderung versetzte, sondern die Botschaft, die er ihr mitteilte.

Dieser selbe Gott ist auch heute bei uns. Welcher Trost und welche Festigkeit gehen von dieser Tatsache aus. Wenn Gott uns seine Verheißungen gibt, dann deshalb, weil er uns durch herausfordernde Erfahrungen leiten will, an denen wir wachsen können. In seiner Liebe schenkt er uns die Möglichkeit, schon vor den dunklen Lebenswegen zu wissen, daß das Endergebnis herrlich sein wird.

Lesen wir den dramatischen Dialog in Lukas 1, 28–38: »Gegrüßet seist du, Hochbegnadete! Der Herr ist mit dir!« – »Welch ein Gruß ist das?« – »Fürchte dich nicht, Maria, du hast Gnade bei Gott gefunden. Siehe, du wirst schwanger werden und einen Sohn gebären, des Namen sollst du Jesus heißen. Der wird groß sein und ein Sohn des Höchsten genannt werden . . . und seines Reiches wird kein Ende sein.«

Maria erkannte, daß Gottes Plan für ihr Leben Ereignisse vorsah, die menschlich unmöglich waren. Deshalb fragte sie: »Wie soll das zugehen, da ich doch von keinem Mann weiß?« Der Engel gab ihr folgende Antwort: »Der Heilige Geist wird über dich kommen, und die Kraft des Höchsten wird dich überschatten; darum wird auch das Heilige, das von dir geboren wird, Gottes Sohn genannt werden. . . . Denn bei Gott ist kein Ding unmöglich.«

Es ist so schwer zu akzeptieren, was wir nicht verstehen, ganz besonders, wenn so etwas noch nie vorher geschehen ist. Trotzdem konnte Maria antworten: »Siehe, ich bin des Herrn Magd; mir geschehe, wie du gesagt hast.«

War es ein großer Glaubenssprung, den Maria hier tat? Ihr Glaube hatte lange vorher begonnen, und sie war sich ihrer selbst sicher. Sie wußte, wer sie war. Es gab für sie keine Frage in bezug auf ihr Verhältnis zu Gott – »Ich gehöre Gott!« Sie fragte nicht: »Wer ist Gott?« – »Wo ist er?« – »Wie kann ich wissen, daß ich mich auf ihn verlassen kann, daß er tut, was er verspricht?« Jeder Sonnenaufgang und -untergang, jeder Regenbogen und Mondstrahl zeugen täglich von der Zuverlässigkeit der Verheißungen Gottes. »Denn Gottes unsichtbares Wesen, das ist seine ewige Kraft und Gottheit, wird ersehen seit der Schöpfung der Welt und wahrgenommen an seinen Werken, so daß sie keine Entschuldigung haben« (Röm. 1, 20).

Die umfangreichen Theorien von Menschen sind oft wie ein Haus voller Spiegel, die verzerrte Bilder werfen von denen, die herumwandern. Jede der Hauptlehren Gottes ist dagegen in kurze, verständliche Worte gefaßt. Welche erstaunliche Ankündigung liegt in diesen einfachen Worten: »Gott ist mit dir... Du wirst einen Sohn gebären.«

Ich frage mich, was ich an Marias Stelle getan hätte. Hätte ich gesungen vor Freude und Erwartung, daß Gott mich auserwählt hat, daß mein Körper dazu dienen soll, einen Körper von Fleisch und Blut für dieses Leben zu bereiten, durch das der allmächtige Gott in dieser von Angst und Not geplagten Welt wirken will?

Wenn Maria glücklich zu preisen ist, dann bin ich es auch. Denn Gott hat mir das Vorrecht verliehen, meinen Körper als Wohnung für sein Leben durch seinen Heiligen Geist zu geben. Keine Form des Lebens ist ewig, nur das Leben Gottes – Gott selbst ist ewig. Jesus hat gesagt: »Und ich gebe ihnen das ewige Leben, und sie werden nimmermehr umkommen, und niemand wird sie aus meiner Hand reißen. Der Vater, der sie mir gegeben hat, ist größer als alles, und niemand kann sie aus meines Vaters Hand reißen. Ich und der Vater sind eins« (Joh. 10, 28–30).

Menschliches Leben kann verlängert werden durch die Transplantation von Organen wie Nieren, Lunge, Herz und vielleicht sogar einmal des Gehirns. Aber wenn ein Leben für alle Ewigkeit gerettet werden soll, so kann das nur durch den Empfang des ewigen Lebens Gottes geschehen. »Also hat Gott die Welt geliebt, daß er seinen eingeborenen Sohn gab, auf daß alle, die an ihn glauben, nicht verloren werden, sondern das ewige Leben haben« (Joh. 3, 16). »Denn Gott, der da hieß das Licht aus der Finsternis hervorleuchten, der hat einen hellen Schein in unsere Herzen gegeben, daß durch uns erstünde die Erleuchtung zur Erkenntnis der Herrlichkeit Gottes in dem Angesicht Jesu Christi. Wir haben aber solchen Schatz in irdenen Gefäßen, auf daß die überschwengliche Kraft sei Gottes und nicht von uns« (2. Kor. 4, 6–7).

Von Enttäuschung zur Auserwählung

Wie Maria, so habe auch ich Kraft erlangt durch das Wissen, daß es für Gott keine unbekannten Erfahrungen oder Enttäuschungen gibt. Nicht einmal »zufällige Hochzeiten« sind bei Gott Zufälle! In Psalm 139, 16–18 fand ich folgende tröstenden und stärkenden Worte: »Deine Augen sahen mich, als ich noch nicht bereitet war, und alle Tage waren in dein Buch geschrieben, die noch werden sollten und von denen keiner da war. Aber wie schwer sind für mich, Gott, deine Gedanken! Wie ist ihre Summe so groß! Wollte ich sie zählen, so wären sie mehr als der Sand; wenn ich aufwache, bin ich noch immer bei dir.« Da Gott alle Tage meines Lebens geplant hat, kann ich nicht einmal Glück oder Unglück oder Zufall für eine Hochzeit verantwortlich machen, die ich mir anders vorgestellt hatte.

Jahrelang habe ich versucht, die Schuldfrage der verunglückten Hochzeit zu klären, statt das Problem zu lösen. Jetzt mußte ich den Tatsachen ins Auge sehen, die uns daran hinderten, wirklich glücklich zu sein, und ich mußte etwas tun für unser Glück. Warum soll Hal mir immer zu sagen haben, was ich tun muß? Warum muß ich mich den ganzen Tag über mit den Kindern abgeben und die langen Abende zu Hause verbringen? Warum müssen wir jedes Wochenende fischen gehen? An die Stelle der Nachtklubs unserer ersten sechs Ehejahre schienen endlose Gebirgsbäche getreten zu sein. Ich liebe Bowling, Tennis, schöne Musik, Abendessen bei Kerzenschein, alles andere, nur keine sich windenden Würmer und stinkende Fische. Ich hatte eine »Warum-muß-ich-Liste«, so lang, daß sie über den ganzen Kontinent reichen würde! Ich hatte die unglückliche Angewohnheit erworben, mich auf unsere Verschiedenheiten zu konzentrieren, und war der Meinung, daß mein Mann im Unrecht sei.

Allmählich lernte ich, daß gerade die Verschiedenheiten meinen Horizont erweitern und mir neue, wertvolle Erfahrungen bringen konnten, allerdings nur, wenn ich bereit war, mich selbst zu sehen, zu erkennen, wie ich wirklich war. Es hatte eigentlich nicht viel zu bedeuten, mit wem ich verheiratet war und wie die Heirat zustande gekommen war, ich hätte mit jedem anderen Mann zusammen und unter anderen Voraussetzungen die gleichen Probleme gehabt; denn das eigentliche Problem war ich selbst! Ich war selbstsüchtig! Und genau das ist es, was uns Frieden und Freude und alle Segnungen Gottes raubt.

Selbstsucht ist das Ergebnis von Unsicherheit. Ich sah einmal einen kleinen Jungen, der sein Spielzeugauto festhielt und schrie: »Mein Auto, mein Auto!« Jedesmal, wenn sich ihm ein anderes Kind nur näherte, schrie er von neuem. Er konnte nicht teilen und nicht mit seinem Auto spielen; er konnte es nur festhalten; denn das Auto war seine Sicherheit. Wenn seine Eltern und seine sonstige Umgebung ihm Liebe zeigen und ihn als Person annehmen würden (nicht sein Verhalten), brauchte er nicht mehr zu versuchen, durch Dinge zu einem Wert seiner selbst zu kommen. Die unveränderliche Liebe Gottes macht uns fähig, uns weniger auf Besitz, Orte und Menschen zu verlassen, und wir können beginnen, andere Menschen um uns herum wirklich kennenzulernen.

Als ich einmal angefangen hatte zu sehen, erkannte ich bald, daß Hal und ich bisher in zwei verschiedenen Welten gelebt hatten. Ich fühlte mich jeden Tag in den kleinen Dingen gefangen: Geschirr spülen, kochen, Telefongespräche, Kinder versorgen. Aber dann machte ich eine erstaunliche Entdeckung: Als wir anfingen, wirklich miteinander zu reden, merkte ich, daß die Tage meines Mannes angefüllt waren mit Belastungen, Wettbewerb und Sorgen um den Arbeitsplatz, um die Familie ernähren zu können. Seltsamerweise hatte Hal gedacht, meine Tage würden darin bestehen, mit den Kindern zu spielen und unser gemütliches Heim zu genießen. Die Angelpartien zum Wochende bedeuteten für ihn Erholung und sollten außerdem für uns eine Abwechslung von der täglichen Routine sein, eine Möglichkeit, die Schönheit der kristallklaren Flüsse, blauen Berge und grünen Täler zu bewundern. Da gab es Bäume, auf die kleine Jungen klettern konnten, Feuer, an denen frische Forellen gebacken wurden, den Duft der Wälder.

Es ist unglaublich, daß zwei Menschen, die zusammen leben, so vollkommen in ihren eigenen Gefühlen und Ansichten verschlossen sein können, daß sie keinerlei Zugang zueinander haben. Wie schockierend, plötzlich zu sehen, daß jeder von uns in einer fest verschlossenen Zelle gelebt hatte, wozu keiner von uns einen Schlüssel besaß.

Nachdem ich angefangen hatte, Hals Nöte zu verstehen, fand ich es lustig, mir kleine Überraschungen für ihn auszudenken. Manchmal vielleicht nur eine Tasse Kaffee, die schon auf ihn wartete, wenn er nach Hause kam, damit er sich erst einmal entspannen und etwas umstellen konnte. Meine kleinen Probleme mit den Kindern, dem Milchmann, den Nachbarn oder dem Scheckbuch konnten nach dem Essen besser gelöst werden. Als ich anfing, mich auf das Heimkommen »Daddys« zu freuen, merkte ich, daß die Kinder das gleiche taten. Sie warteten nicht mehr in Angst auf die Ankunft des Hauptfeldwebels, der sie für die Untaten des Tages bestrafen würde.

Aber das Erstaunlichste war die Entdeckung, daß das Verhalten Hals, das ich bisher abgelehnt hatte, genau das war, was ich brauchte. Seine Fähigkeit, Fehler zu machen, über sich selbst zu lachen und fröhlich seinen Weg zu gehen, war wie eine offene Tür, durch die ich den Schein einer neuen Freiheit von meiner Selbstverdammnis erkennen konnte. Seine leichtherzige, beschwingte Art hat meine ernste, zu Schwermut neigende Natur aufgerichtet, und ich kann nun erwartungsvoll auf das Morgen schauen. Ich habe Sicherheit erlangt, nicht weil ich eine so gute Ehefrau und Mutter bin, sondern weil Hal mich liebt, so wie ich bin. Es ist gleichgültig, was und wie ich gewesen bin oder wie ich in Zukunft sein werde, es kann mir die empfangene Liebe nicht rauben.

Aber die Liebe meines Mannes ist nur ein Schatten der Liebe Gottes, die uns beide umfängt. Es gibt keine Enttäuschung, die Gott nicht in Erwählung umwandeln könnte. Unsere Vergangenheit kann Gottes Geschichte für unsere Zukunft werden. Es ist aufregend, die finstere Stube der Vergangenheit zu verlassen und hinauszuschreiten in die sonnendurchfluteten Tage unserer von Gott sorgfältig geplanten Zukunft. Die einzige Schranke ist die aufgebauschte Sicht von uns selbst, die uns die Kraft Gottes nicht größer sehen läßt als unsere eigene Fähigkeit, die Dinge falsch zu machen. Gott sei Dank, daß wir mit unseren Problemen ihm nicht zu groß sind.

Wir erleben eine wunderbare Befreiung, wenn wir mit unseren Konflikten zu Jesus kommen. Was kommt dabei heraus, wenn wir versuchen, die Schuldfrage zu klären? Hat es in der Vergangenheit nicht zu abwehrender Haltung und Feindschaft geführt, die uns voneinander trennt? Wir leben in der Gegenwart, im Heute, deshalb müssen wir ehrlich prüfen, wer wir sind, in welcher geistlichen, körperlichen und seelischen Verfassung wir uns befinden und feststellen, wie wir sein möchten. Dann können wir bestimmte Schritte tun, die uns dem gewünschten Ziel zuführen.

Wenn ich Untergewicht oder Übergewicht habe, nützt es nichts, zurückzuschauen auf das Trauma, das zu diesem Zustand geführt hat; davon werde ich nie meine Idealfigur erlangen. Vielmehr muß ich mir realistisch überlegen, wie ich wirklich aussehen will. Wenn ich mein Ziel erreichen will, muß ich darüber hinaus willens sein, meine Eßgewohnheiten zu ändern, körperliches Training zu absolvieren und nötigenfalls medizinische Hilfe in Anspruch zu nehmen. Genauso ist es mit der Vorstellung von unserer Hochzeit und dem Leben danach. Gott spricht keine magische Formel über uns, um auf diese Weise unsere Verhältnisse zu ändern. Wir sind keine verzauberten Prinzen und Prinzessinnen, aber wir können trotzdem »danach glücklich miteinander leben bis an unser Ende«. Gott lehrt uns, daß er seine Hand im Spiel hat, bei allem Geschehen unseres Lebens. Wir, als freie Menschen, müssen wählen, ob wir an den Ereignissen wachsen und zunehmen oder abnehmen und verschrumpeln wollen.

»Von Nazareth kann nichts Gutes kommen!« Aber Jesus kam von dort. »Aus meiner Ehe kann nichts Gutes kommen«, sagt so manche enttäuschte und entmutigte Frau. »Ich habe einen Fehler gemacht; ich habe nicht nach dem Willen Gottes geheiratet ...« Viele Dinge, die wir sagen und tun, sind nicht nach dem Willen Gottes – jede kritische, ablehnende Haltung, jede moralische Sünde fällt unter dieses Urteil. Aber sie sind nicht außerhalb Gottes vergebender und zurechtbringender Kraft. Es gibt keine Verfehlung, aus der

Gott nicht noch etwas Gutes machen könnte, es sei denn, wir glauben nicht an seine Kraft und seine Liebe.

Wenn die Mauern unserer Gefühle und unseres Zuhause uns einschließen, können wir geistige und seelische Platzangst bekommen. Aber die Mauern können zu Fenstern werden, wenn wir auf Jesus schauen, denn dann erblicken wir seine Realität und Herrlichkeit.

Gottes Liebe und Kraftquellen können nicht versiegen. Seine Hände sind gefüllt mit Reichtümern. Marias Herz und Hände waren geöffnet, um all das zu empfangen, was Gott ihr reichlich zugedacht hatte. Diese Reichtümer besitzen noch heute den gleichen Wert. Schauen Sie die goldenen Münzen der Verheißungen Gottes für Maria und für Sie an und geben Sie sie weise aus:

1. Gott liebt Sie aufrichtig! Nicht wegen dem, was Sie haben oder sind, sondern wegen dem, was und wer er ist.

2. Gott ist bei Ihnen! Sie werden nie auf Ihr eigenes Vermögen beschränkt sein, denn Gott ist da, der Ihnen aus seiner Fülle geben will.

3. Sie haben ein Ziel! Ihre Zukunft ist nicht ein Gewirr von Unbestimmtheiten, sondern ein sorgfältig ausgearbeiteter Plan.

4. Fürchten Sie sich nicht, weil der Plan ganz spezifisch ist, selbst um die kleinsten Details brauchen Sie sich keine Sorgen zu machen. Sie können ganz ruhig sein und abwarten, wie sich der nächste Tag entfalten wird. Denn dieser Tag steht nicht alleine da, er ist ein Teil des ganzen Bildes, das Gott von Ihrem Leben zeichnet.

Wenn nichts mehr bleibt, ist Gott immer noch da. Er hat Sie nicht vergessen. Haben Sie ihn vergessen?

»Bei Gott ist kein Ding unmöglich« (Luk. 1, 37). »Wer einen dieser Geringen nur mit einem Becher kalten Wassers tränkt, weil er mein Jünger ist, wahrlich, ich sage euch: es wird ihm nicht unbelohnt bleiben« (Matth. 10, 42).

2 Überlassen Sie das Steuern Gott

Der Duft von Nelken erfüllte die Luft bei den Marktständen. Die Menge drängte wie bei einer Volksbelustigung durch die Buden mit Obst und Blumen. Janice drehte sich zur Straße um, und ihr Herz schien still zu stehen vor Schrecken. Ein führerloses Auto kam dahergerollt und steuerte genau auf die Menschenmenge zu. Janice riß die Tür auf und sprang in den Fahrersitz, hielt das Steuer fest in der Hand und trat mit aller Macht auf die Bremsen. Einen Augenblick später, nach einem Seufzer der Erleichterung öffnet sie die Tür und sah sich einem atemlosen, erhitzten Mann gegenüber.

»Haben Sie gesehen, was geschehen ist«, erklärte sie aufgeregt. »Das Auto rollte die Straße entlang, ich bin hineingesprungen und habe es zum Stehen gebracht!«

»Das haben Sie wirklich«, antwortete der Mann noch immer etwas außer Atem, »und ich habe es geschoben!«

Wenn unser Leben schal und nutzlos scheint, greift Gott zu mancherlei Methoden, um uns wieder in der richtigen Richtung zum Laufen zu bringen. Haben wir dann wieder etwas Triebkraft gewonnen, fühlen wir uns veranlaßt, uns in den Fahrersitz zu schwingen und die Kontrolle selber zu übernehmen. Wir ziehen die Bremsen oder beschleunigen, je nach unserer Sicht der Lage. Unsere Absicht mag gut sein, aber uns fehlt die Weisheit und die Einsicht in das Denken und die Nöte der anderen.

Hal und ich werden nie verstehen, wie Gott uns gemeinsam durch die ersten sechs schwierigen Jahre unserer Ehe gebracht hat. Es waren Jahre ruhelosen Wanderns, mit dem Erforschen sich wandelnder Interessen. Aber noch ehe wir Gott erkannten, kannte er uns und hat uns geführt und unsere Zukunft geplant. Als ich nach diesen Jahren Jesus kennenlernte, war das eine so gewaltige Erfahrung für mich, daß ich der ganzen Welt – am meisten natürlich meinem Mann – die Wirklichkeit seiner Gegenwart, wie ich sie erfahren hatte, mitteilen wollte.

Ich redete mit Gott über Hal und mit Hal über Gott. Dann wurde ich ungeduldig, sprang in den Fahrersitz und nahm die Dinge selbst in die Hand. Ich mußte Gott einfach helfen und Hal begreiflich machen, daß sein Lebensstil falsch sei. Aber er reagierte ganz eigenartig. Statt meine neue Weisheit dankbar anzuerkennen, schien er zu denken, daß ich verkehrt war. Nach seiner Meinung befand ich mich ganz offensichtlich in Schwierigkeiten. Bald wuchsen Wände zwischen uns empor, von denen wir unbeabsichtigt giftige Wortpfeile abschossen; und mit jeder Attacke wurden die Barrieren höher. Ehe überhaupt eine wirkliche Kommunikation stattfinden konnte, mußten die Wände niedergerissen werden.

So wie die Mauern Jerichos zusammenfielen, als die Israeliten den Anweisungen Gottes gehorchten, so fingen die Wände unserer Gefühle an einzubrechen, als ich begann, die Regeln Gottes zu beachten, nach denen man einem anderen Menschen Christus nahebringen kann. Aber unsere Fehler sind oft wichtige Schritte in dem Lernprozeß.

Hals großzügige Zustimmung zu meiner Teilnahme an allen christlichen Veranstaltungen und meiner ständigen Betonung von Bibelstudium und Gebet, änderte sich bald. Für die Aktivitäten, die er liebte, war ich nicht mehr zu haben, denn ich sah sie als zu wenig oder zu nichts nütze an. Ich betrachtete mich als sehr geistlich, wenn ich meine neuen Wertmaßstäbe geltend machte. Konnte er nicht sehen, wie unbedeutend, ja sogar schädlich die Dinge waren, denen er den Vorrang gab? Wenn er ausgehen wollte, mußte er allein gehen.

Die Freude, Jesus zu kennen, hatte Hal nicht erfahren. Seine Frau hatte er verloren. Es schien, als ob sie und Gott eine Verschwörung eingegangen wären, sein Leben so ungemütlich wie nur möglich zu gestalten. Manche Leute meinten von seinem Zustand: »Es ist die Sünde, die sein Leben so miserabel macht!« Andere sagten: »Großartig! Er ist überführt!«

Aber der Heilige Geist zeigte bald, daß es meine Sünde war, die meinen Mann davon abhielt, Gott zu hören. Gott brauchte nicht meinen frommen Mund, sondern einen demütigen Geist. Wir können selten anderen Menschen Christus nahebringen durch das Mitteilen unserer Erkenntnisse, sondern gewöhnlich nur durch unsere Haltung und unser Verstehen.

Ein schnelles Wachstum unserer Kenntnis von Fakten kann sehr gefährlich sein, wenn wir die gewonnene Erkenntnis nicht in die Tat umsetzen. Es war gut, meine Gedanken mit der Wahrheit Gottes zu füllen, aber nun mußte eine Umwandlung meiner Persönlichkeit stattfinden. Gott ist vor allem daran interessiert, die Erkenntnis, die wir über ihn gewonnen haben, aus unseren Köpfen heraus und in unsere Hände und Herzen zu bringen! Und er gibt uns zahlreiche praktische Gelegenheiten dazu.

Eine dieser Gelegenheiten kam an einem einsamen Abend. Nachdem ich unsere beiden Söhne ins Bett gebracht hatte, kniete ich in der Stille meines Zimmers nieder und betete: »O Herr, du weißt, ich liebe dich. Und ich möchte, daß Hal dich liebt. Aber nichts scheint bei ihm zu wirken. Was ist verkehrt? Was möchtest du, was ich tun soll?« Ich öffnete meine Bibel und las: »Denn dazu seid ihr berufen, da auch Christus gelitten hat für euch und euch ein Vorbild gelassen, daß ihr sollt nachfolgen seinen Fußstapfen; welcher keine Sünde getan hat, ist auch kein Betrug in seinem Munde erfunden; welcher nicht widerschalt, da er gescholten ward, nicht drohte, da er litt, er stellte es aber dem anheim, der da recht richtet; welcher unsere Sünden selbst hinaufgetragen hat an seinem Leibe auf das Holz, auf daß wir, der Sünde abgestorben, der Gerechtigkeit leben; durch welches Wunden ihr heil geworden seid. Denn ihr waret wie die irrenden Schafe; aber ihr seid nun bekehrt zu dem Hirten und Bischof eurer Seelen. Desgleichen sollt ihr Frauen euren Männern untertan sein, auf daß auch die, die nicht glauben an das Wort, durch der Frauen Wandel ohne Worte gewonnen werden« (1. Petr. 2, 21 bis 3, 1).

Die Kraft der sichtbaren und fühlbaren Liebe

Diese Verse waren mein Schlüssel. Hal sehnte sich danach, die Liebe Gottes in der Qualität meiner Haltung und Taten zu sehen. Gott und ich bildeten keinen exklusiven Zirkel, der ihn ausschloß, sondern Gott, Hal und ich mußten eine Einheit werden, in der er die Rolle als Vater und Ehemann ausfüllen konnte, ohne durch meine autoritative Haltung herausgefordert zu werden. Er mußte Liebe und Verstehen, die ich in Christus gefunden hatte, an mir sehen, wenn er der Liebe und Vergebung Gottes vertrauen sollte.

Ich hatte eine große Entdeckung gemacht: Man kann niemand zwingen, sein Verhalten zu ändern, indem man ihm seine Fehler vorhält. Was wir am meisten brauchen, suchen wir bei anderen. Finden wir es, so fühlen wir uns zu diesem Menschen hingezogen, und wir sind empfänglich für das, was er als wertvoll betrachtet.

Der Mann hat eine große, unbestimmte Angst zu versagen. Der angeborene Wunsch, zu führen und für eine Familie zu sorgen, stammt aus der von Gott gegebenen Autorität und Verantwortung als Haupt der Familie. Er braucht Freiheit, um Fähigkeiten zum Führen entwickeln zu können. Nachdem ich angefangen habe, dieser Wahrheit entsprechend zu handeln, hat Gott uns reichlich belohnt.

Es hat so wenig gebraucht, um Hals Hand in die Hand Gottes zu legen, und oft erkenne ich, daß er mit der anderen Hand nach der meinen faßt, um mich näher zu Jesus zu ziehen. Ich weiß nicht, warum Gott mir so einen fantastischen Ehemann gegeben hat, dessen Geduld mit mir unerschöpflich ist, dessen Stärke und Freundlichkeit über mein Verstehen gehen. Welche Güte Gottes, die mich von der Last und dem Kampf auf dem Fahrersitz befreit hat!

Wenn Ihre Familie Ihren Glauben an Christus teilt, sind Sie glücklich zu schätzen. Dann können Sie sich ganz der Entwicklung solcher Einstellungen widmen, die Ihr Familienleben bereichern können. Sollte Ihre Familie aber Christus noch nicht kennen, so haben Sie eine sensationelle Zeit vor sich. Haben Sie je Gott dafür gedankt, daß Sie sein besonderer Bote sein dürfen, durch den er Ihrer Familie Christus zeigen will?

Das Geheimnis der Erfüllung

Als ich mich nach der Führung Gottes ausstreckte, erkannte ich, daß jedes Problem wie eine offene Tür war, durch die ich die Lösung schon sehen konnte. Viele Schwierigkeiten entstehen dadurch, daß wir Gottes Gebote zwar hören, aber nicht danach handeln; andere entstehen dadurch, daß wir handeln, ohne Instruktionen abzuwarten.

Meine Ehe hatte begonnen, ohne daß ich die geringste Ahnung von den Regeln Gottes für eine derartige Lebensverbindung hatte. Noch bis vor kurzem haben Eltern, Schule und Kirchen wenig oder keine Instruktionen gegeben, die jungen Menschen auf der Suche nach einem glücklichen Leben helfen könnten. Die christlichen Unterweisungen erstreckten sich meistens auf die historischen Grundlagen des Glaubens und die Wahrheiten des ewigen Lebens; aber wie man jetzt, in dieser Zeit miteinander nach dem Willen Gottes leben soll, davon wurde wenig gesagt.

Gott führt die Menschen so zusammen, daß sie in der Ehe, im Geschäftsleben und in anderen wichtigen Lebensgemeinschaften im Gehorsam seiner Gebote leben können, um seinen vollen Segen ungehindert zu empfangen. Zufriedenheit und Harmonie sind viel leichter zu finden, wenn zwei Menschen dieselbe Lebensgrundlage im Glauben an Christus haben.

Maria hätte in der Tat ein schlimmes Los gehabt, wäre sie nicht mit dem Mann verlobt gewesen, den Gott für sie ausgewählt hatte, einem Mann, der seine eigenen Pläne den Geboten Gottes unterordnen würde. Diese Gebote können wir uns nicht auswählen, wenn wir das Beste erleben wollen, was Gott für uns im Sinn hat. Eine von Gottes wichtigen Anweisungen finden wir in 2. Korinther 6, 14–15: »Ziehet nicht am fremden Joch mit den Ungläubigen. Denn was hat die Gerechtigkeit zu schaffen mit der Ungerechtigkeit? Was hat das Licht für Gemeinschaft mit der Finsternis? Wie stimmt Christus mit Belial? Oder was für ein Teil hat der Gläubige mit dem Ungläubigen?«

Wir haben einen wunderbaren Gott, der die verkehrten Entscheidungen unserer Vergangenheit umkehrt und Segen daraus wachsen läßt, wenn wir uns vertrauensvoll in seine offenen Arme werfen.

Eines Tages erkannte ich die Freundlichkeit Jesu, die uns in seiner Verheißung entgegentritt: »Kommet her zu mir alle, die ihr mühselig und beladen seid; ich will euch erquicken« (Matth. 11, 28). Aber meine wißbegierige Natur ändert den Punkt oft in ein Fragezeichen um, und ich suche immer noch, obwohl mir die Antwort schon gegeben wurde. So auch jetzt: Was, wenn es schon zu spät ist, um meine Eheprobleme Gott zu bringen? Oder ich einfach zu ungeschickt bin? Da las ich voller Freude die Zusicherung in Johannes

6, 37: »Wer zu mir kommt, den werde ich nicht hinausstoßen!« Das genügte mir. Als ich ruhig wurde vor Gott, blieb mein Blick nicht länger auf die Schwierigkeiten gerichtet, die ich in meiner Ungeduld selbst heraufbeschworen hatte. Wie wunderbar ist es, Schuld gegen Freude einzutauschen und ein williges Werkzeug in der Hand des Meisters zu werden, der unsere Zukunft verändern und in Ordnung bringen will.

Diese Zukunft sollte noch oft durch Zeiten der Zweifel und der Verzweiflung führen, wenn ich mich mit anderen verglich, die alles das waren, was ich nicht war. Heute kann ich mit Frauen fühlen, die enttäuscht und verletzt sind – Hausfrauen, Mütter, berufstätige Frauen, ob freiwillig oder aus Notwendigkeit. Aber ich freue mich mit denen, die ein Geheimnis gefunden haben.

Auf allen Gebieten gibt es viele charmante und talentierte Frauen, die ein erfülltes Leben führen. Denn Glücklichsein hängt nicht von der Tätigkeit ab, die wir ausführen, sondern von dem Grad des eigenen Wertes, den wir erleben, und von Zufriedenheit und Schönheit, die wir in dem finden, was immer wir tun.

Ob im Berufsleben oder zu Hause oder in beiden, ob mit Mann und Kindern oder ohne, wir können immer die Wirklichkeit von Philipper 4, 11–13 erfahren: »Nicht sage ich das des Mangels halben; denn ich habe gelernt, mir genügen zu lassen, wie ich's finde. Ich kann niedrig sein und kann hoch sein; mir ist alles und jedes vertraut; ich kann beides: satt sein und hungern, beides: übrig haben und Mangel leiden. Ich vermag alles durch den, der mich mächtig macht, Christus.« Und in 1. Timotheus 6, 6 lesen wir: »Es ist aber ein großer Gewinn, wer gottselig ist und lässet sich genügen.«

Gottseligkeit ist das Resultat eines Lebens unter der Führung Gottes. Diese Führung kann bedeutende und unscheinbare Unternehmungen enthalten, sie kann Ehe und Familie auf dem Plan haben oder eine Heirat ausschließen. Denn die Ehe ist zu einem erfüllten Leben nicht notwendig. Sie darf auch nicht das Weglaufen vor der Einsamkeit, vor der elterlichen Autorität oder gar der Ausweg aus finanziellen Schwierigkeiten sein.

Die Gesellschaftsmuster ändern sich heute sehr schnell. Die Vorstellung, daß man heiraten muß, um glücklich zu sein, ist von der Philosophie der Selbstverwirklichung im Beruf weitgehend abgelöst worden. Aber ein glückliches Familienleben bauen, das Leben eines Kindes formen kann genauso anregend und erfüllend sein, wie einem Büro vorzustehen oder den Posten eines Generaldirektors auszufüllen. Keine dieser Tätigkeiten zeugt von mehr Fähigkeiten oder einer größeren Leistung als die andere, es sind nur unterschiedliche Beweggründe und Werte im Spiel.

Anders sein, bedeutet nicht, verkehrt zu sein; jeder von uns ist ein Individualist, mit einzigartigen Charakterzügen, die Gott zu einem bestimmten Zweck gegeben hat. Freude und Erfüllung finden wir, wenn unsere Motive im Einklang mit dem Plan Gottes stehen. Außerordentlich schädlich ist es, unser Leben mit dem anderer Menschen zu vergleichen. Wir sind wir selbst und nicht die anderen! Es war die Einzigartigkeit Marias, die es wagte, ihre Heirat außer acht zu lassen und sich dem Plan Gottes anzuvertrauen, die sie dann auch zur Freude befähigte, als sie herausfand, daß Joseph ihre Zukunft teilen würde. Aber es war Gott, nicht Joseph, den sie als höchstes Ziel ihres Lebens gewählt hatte.

Unbegrenzte Hingabe bringt unbegrenzte Erfüllung

Es ist für uns unmöglich, sich in die Lage von Maria und Joseph zu versetzen. Maria hatte die Freude der Erwählung durch Gott erlebt und den inneren Frieden, der mit der Hingabe an den Willen Gottes verbunden ist, aber sie würde Unglaubliches unter der Meinung der Leute und dem kulturellen Standard zu leiden haben. Für Schwangerschaft vor der Hochzeit stand ihr nach dem hebräischen Gesetz möglicherweise der Tod durch Steinigung bevor. Denn wie konnte sie ihrer Familie und ihren Freunden erklären, was geschehen war, vor allem, da ja so etwas noch nie vorher dagewesen war? Aber die Entscheidung, die sie getroffen hatte, löste eine Kettenreaktion aus. Die Antwort ihres Glaubens auf die scheinbar unmögliche Forderung Gottes öffnete die Tür für die Führung ihres Mannes durch Gott.

Wie Frauen heutzutage, so hatte sie zu entscheiden, ob sie ihren Körper bedingungslos Gott zur Verfügung stellen wollte oder nicht. Da sie sich für Gott entschied, übernahm er die Verantwortung, ihres Mannes Pläne und Aktivitäten zu dirigieren.

Die öffentliche Meinung und die äußeren Zeichen gaben Joseph allen Grund zur Ernüchterung. Er hatte die Freiheit, das Mädchen, das er liebte, zu heiraten. Aber als er diese Entscheidung getroffen hatte, konnte er nicht wissen, daß seine Auserwählte vor der Hochzeit schwanger werden würde. Sollte er sie jetzt verlassen? Wenn ihre Verlobung aufgelöst werden sollte, mußte er ihr einen Scheidebrief geben; das verlangte das Gesetz. Denn die Verlobung war ebenso bindend wie die Eheschließung. Es würde für Maria ein verheerendes Erleben sein, durch dieses öffentliche Gericht zu gehen. Vielleicht könnte die Angelegenheit privat auf irgendeine andere Weise geregelt werden. Der Konflikt, in den Joseph geraten war, wurde zu seiner Gelegenheit. Unser Herr handelt zur rechten Zeit, nie zu früh und nie zu spät, und er redet immer deutlich genug für einen suchenden Menschen. Je deutlicher wir die Stimmen der Menschen hören, um so wichtiger ist es, auf die Stimme Gottes zu achten.

»›Joseph, du Sohn Davids, fürchte dich nicht, Maria, dein Gemahl, zu dir zu nehmen, denn das in ihr geboren ist, das ist von dem Heiligen Geist. Und sie wird einen Sohn gebären, des Namen sollst du Jesus heißen, denn er wird sein Volk retten von ihren Sünden.‹ Da nun Joseph vom Schlaf erwachte, tat er, wie ihm der Engel des Herrn befohlen hatte, und nahm sein Gemahl zu sich« (Matth. 1, 20–21. 24). »Sie wird einen Sohn haben«, aber du wirst dich öffentlich mit ihr identifizieren und die Verantwortung auf dich nehmen, die ein Vater für sein Kind trägt. Du hast deine Frau nicht verloren, sondern ihr werdet enger miteinander verbunden sein, als ihr euch je habt vorstellen können, und außerdem *werdet ihr Jesus haben.*

Joseph hätte die verschiedenen Besuche von Engeln nicht erlebt, wenn Maria ihre eigenen Pläne an die Stelle von Gottes Plan gesetzt hätte. Maria war der verfügbare Schlüssel in Gottes Hand, der verborgene Schätze für uns heutige Frauen erschlossen hat. Die Auswirkungen unserer Verfügbarkeit für Gott mögen in dieser Welt unbekannt bleiben, aber die Ewigkeit wird manche Überraschung bringen. Wie die Welt heute die Geschichte Marias hört, so wird die Ewigkeit das Resultat unseres Lebens enthüllen.

Ein Leben mit großen Möglichkeiten erfordert aber auch intensive Vorbereitung. Eine der wichtigsten Lektionen, die wir im Leben lernen müssen, ist das Erkennen von absolut vorrangigen Dingen.

Oft denken wir, Prioritäten zu setzen, bedeute, ein Wertsystem zu entwickeln, bestimmte Ansichten oder ein Konzept zu haben oder eine philosophische Sicht des Lebens. Aber das ist nur der Anfang davon. Wenn die Erkenntnis keinen Ausdruck findet, wird sie zu einem unerreichbaren Traum und führt zu Bitterkeit und Enttäuschung. Sie wird nur praktische Wirklichkeit, wenn wir entsprechend handeln.

Jeder Mensch heilt oder verletzt andere

Maria hat sicher manche Kritik und vieles Reden über Reinheit anhören müssen. Aber die so redeten, machten sich der üblen Nachrede und des Richtens schuldig. Keine öffentliche Meinung konnte Maria daran hindern, sich an der Erfüllung des göttlichen Planes in ihrem Leben zu freuen. Das einzige, was ihr wirklich hätte schaden können, wäre ihre eigene Haltung denen gegenüber gewesen, die von ihrer begrenzten Erkenntnis her urteilten. Sie brauchte sich nicht selbst zu verteidigen, denn Gott hatte mit den Menschen geredet, die für ihre Zukunft von Bedeutung waren. Es ist Gott, der für den Leumund derer sorgt, die ihm sein ganzes Leben zur Verfügung stellen. Vielleicht waren die Worte aus Jesaja 50, 6–9 für Maria ebenso tröstlich wie für uns heute: »Ich bot meinen Rücken dar denen, die mich schlugen, und meine Wangen denen, die mich rauften. Mein Angesicht verbarg ich nicht vor Schmach und Speichel. Aber Gott der Herr hilft mir, darum werde ich nicht zuschanden. Darum habe ich mein Angesicht hart gemacht wie einen Kieselstein; denn ich weiß, daß ich nicht zuschanden werde. Er ist nahe, der mich gerecht spricht. Wer will mit mir rechten? Laßt uns zusammen vortreten! Wer will mein Recht anfechten? Der komme her zu mir! Siehe, Gott der Herr hilft mir; wer will mich verdammen? Siehe, sie alle werden wie Kleider zerfallen, die die Motten fressen.« Derselbe Gott sorgt auch heute noch für uns.

Sicher gibt es niemand, der zu keinem Zeitpunkt seines Lebens der Mittelpunkt von Klatscherei gewesen ist. Klatschen ist der Mißbrauch unserer Fähigkeiten. Menschen, denen Gott eine gewinnende Persönlichkeit gegeben hat und denen die Ehrlichkeit im Gesicht geschrieben steht, würde es sehr schwerfallen, sich eine undurchdringliche Maske aufzusetzen. Eine Unterhaltung, die mit den Worten beginnt: »Wenn ich ehrlich sein soll, so muß ich bekennen ... (den Fehler eines anderen)«, ist ein unbewußter Ersatz für fehlende persönliche Ehrlichkeit. Man kann keine Ehrlichkeit auf Kosten anderer gewinnen.

Manchen Menschen gibt Gott das wunderbare Talent der Urteilsfähigkeit. Aber wie schnell kann dieses Geschenk zum listigen Dieb werden, der uns aller Freundschaften beraubt, wenn wir es mißbrauchen. Menschen, die sich darauf konzentrieren, andere zu bewerten, reflektieren nur ihren eigenen Hintergrund. Dieses Verhalten hindert sie daran, ihre Mitmenschen so zu sehen, wie sie wirklich sind; denn sie selbst sind zum Spiegel der Fehler anderer geworden.

Vor kurzem war ich zum Essen bei einer Freundin eingeladen. Während unserer Unterhaltung sagte sie: »Ich bin sehr dankbar für meinen scharfen Verstand. Ich benutze diese Fähigkeit, um jungen Schriftstellern zu helfen, ihre Fehler zu erkennen und ihre eigenen Talente besser zu entwickeln.« Was bei ihr zu einer verurteilenden Haltung hätte führen können, gebrauchte sie, um anderen zu helfen; und sie hat sich dadurch viele wertvolle Freundschaften erworben. Sie benutzte ihre Fähigkeiten, um aufzubauen und zu ermutigen. Und schließlich sollten alle Geschenke Gottes in dieser Weise gebraucht werden.

Wir kennen die inneren Nöte der Menschen nicht, mit denen wir zu tun haben, und wir wissen im allgemeinen nichts von ihrer Vergangenheit. Wie können wir dann erkennen, wie weit sie schon gekommen sind auf dem Weg zur Reife in Christus? Wir sehen nur einen kurzen Moment ihres Lebens und messen dieses Stückchen an unserem idealistischen Konzept. Wir wissen auch nicht, durch welche tiefen Wasser der Herr sie noch führen wird. Auch wir überwinden diese Tiefen nicht durch unsere eigene Anstrengung; nur wenn wir uns auf den Armen Jesu hindurchtragen lassen, werden wir das andere Ufer erreichen.

Jakobus 3, 4–6 zeigt uns einen ungeheuren Kontrast in dem unterschiedlichen Gebrauch eines kleinen, aber äußerst wirkungsvollen Werkzeuges: »Siehe, auch die Schiffe, ob sie wohl so groß sind und von starken Winden getrieben werden, werden sie doch gelenkt mit einem kleinen Ruder, wo der hin will, der es regiert. So ist auch die

Zunge ein kleines Glied und richtet große Dinge an. Siehe, ein kleines Feuer, welch einen Wald zündet es an! Und die Zunge ist auch ein Feuer, eine Welt voll Ungerechtigkeit. So ist die Zunge unter unseren Gliedern: sie befleckt den ganzen Leib, sie setzt des Lebens Kreis in Flammen und ist selbst von der Hölle entzündet.« Und etwas weiter unten, in Vers 18, lesen wir: »Die Frucht aber der Gerechtigkeit wird gesät im Frieden denen, die Frieden halten.«

Wir haben die Wahl: Wollen wir ein Feuer entfachen, um hinterher die Überbleibsel einzusammeln, oder wollen wir Samen säen und eine reiche Ernte einbringen? Unsere Familien brauchen den Samen des Friedens, der gepflanzt und mit Liebe gehegt und gepflegt werden muß. Die Ernte kommt, wenn wir die einzelnen Glieder der Familie ihr eigenes Leben mit Gott leben sehen und ihre eigene Geschichte erzählen hören, unangetastet von einer dritten Partei. Ich muß ihnen nicht vorgreifen und ihre Geschichte für sie erzählen. Richtende Worte und Taten kommen auf uns selbst zurück, aber Freundlichkeit und Vertrauen bringen eine reiche Ernte von Frieden und Freude.

Falls wir wie Maria die Empfänger unfreundlicher Worte sind, so können wir daran wachsen oder bitter werden. Wählen wir die zweite Möglichkeit, so werden auch unsere eigenen Worte verletzend wirken. Unsere Worte reflektieren unser Verhältnis zu Gott und unser Denken über uns selbst und über die anderen Menschen.

Wenn Jesus mit den Menschen sprach, teilte er ihnen von den Gaben Gottes mit; er sprach heilende Worte. Er zeigte, daß Krisen die Gelegenheit geben, die Wunder Gottes zu erleben. Welche Erfahrungen könnten wir machen, wenn wir uns zum Ziel setzen würden, unsere Unterhaltungen in der positiven Weise zu führen, wie er es tat. Viele seelische, körperliche und geistige Krankheiten in unseren Familien könnten vermieden werden, fröhliches Leben und Gesundheit könnten sich entwickeln, wenn wir unseren Eßtisch Gott zur Verfügung stellen würden. Wir verbrauchen viel Zeit, Geld und Kraft für abwechslungsreiche und ausgewogene Mahlzeiten, um unsere körperliche Gesundheit zu erhalten. Diese Anstrengungen werden oft zunichte gemacht durch unsere Haltung dem anderen gegenüber. Für unsere Unterhaltung bei Tisch sollten wir sorgfältiger »einkaufen« als für die leibliche Nahrung. Schließlich haben unsere Worte mehr Kraft, sie halten länger an, als das, was wir essen. Wir sollten einen reichlichen Vorrat an Liebe, Ermutigung, Freundlichkeit, Vergebung, Geduld und freundlichen Ratschlägen für alle Beladenen bereit halten. Wir werden reichlichen Lohn für diese »Gesundheitskost« ernten.

Wir wollen doch nicht vergessen, daß Jesus auch bei unseren Mahlzeiten anwesend ist. Unsere Unterhaltung muß ihn einbeziehen. So wie er mit Fischern über das Fischen, mit Bauern über den Ackerbau redete, so sollte in unserer Unterhaltung für jeden Anwesenden etwas dabei sein. Jesus hörte der Frau am Jakobsbrunnen ebenso zu wie dem geschulten Nikodemus, und er gab jedem Antwort. Unterhaltung, die nur in einer Richtung geht, wird notwendigerweise zum Vortrag, und auf diese Weise können wir nicht teilhaben am Leben unserer Mitmenschen. Unsere Häuser müssen zum Auftanken da sein. Jedes Familienglied muß seine Schwachheit abladen können und gestärkt werden durch den Kontakt miteinander und mit Gott. Hier müssen wir befähigt werden, jeden neuen Tag mit seinen neuen Anforderungen getrost zu beginnen. Wir sollten uns die Worte aus Jesaja 50, 4–5 zu eigen machen: »Gott der Herr hat mir eine Zunge gegeben, wie sie Jünger haben, daß ich wisse mit den Müden zur rechten Zeit zu reden. Alle Morgen weckt er mir das Ohr, daß ich höre, wie Jünger hören. Gott der Herr hat mir das Ohr geöffnet. Und ich bin nicht ungehorsam und weiche nicht zurück.« So wie ein kleines Kind das Sprechen lernt durch das, was es hört, so müssen auch wir hören, wenn wir weise reden wollen.

Wie Maria, so haben auch wir täglich Entscheidungen zu treffen, Prioritäten zu setzen und bereit zu sein zum Hören. Wenn wir auf Gott hören, wird unser ganzes Leben für unsere Familie und unsere Umwelt ein Zeugnis dafür sein, daß Gott am Steuer sitzt. Er bestimmt die Ereignisse und Begegnungen und bringt Harmonie in das Chaos. Und wir sollen nicht Barrieren für sein Wirken sein, sondern Kanäle, die seinen Segen reichlich weiterleiten.

»Und alles, was ihr tut mit Worten oder mit Werken, das tut alles in dem Namen des Herrn Jesus, und danket Gott, dem Vater, durch ihn« (Kol. 3, 17). »Seid dankbar in allen Dingen; denn das ist der Wille Gottes in Christus Jesus an euch« (1. Thess. 5, 18).

3 Schönheit beginnt unter der Haut

Um 9 Uhr betrat Stephanie den Laden. Ihr langes, verwildertes Haar hing herunter, ein ausgebeulter Mantel umschloß ihren Körper. Minuten später beobachtete ich, wie geschickte Finger die verfilzten Haare kürzten. Ein zufriedenes Lächeln breitete sich auf Stephanies Gesicht aus, als Shampoo, duftendes Haarwasser, Rollen und all die anderen Dinge ihre Wirkung hinterließen. Ihren alten Mantel nahm sie nicht wieder mit, als sie um 13 Uhr als gepflegte junge Frau in überschäumender Lebenslust den Raum verließ.

Stephanie war nie vorher in dem Laden gewesen, sie hatte nie eine der Friseusen gesehen, aber sie zeigte während der ganzen Prozedur keinerlei Zeichen von Ängstlichkeit oder Sorge, nicht einmal als der größte Teil ihrer Haarfülle zu Boden fiel und sie der Hitze des Haartrockners ausgesetzt wurde. Ihre Gedanken waren so von dem Endergebnis erfüllt, daß selbst das Ausstellen eines Schecks Vergnügen zu bereiten schien. Nicht ein einziges Mal hatte sie eine Maßnahme abgelehnt oder zu verhindern gesucht. Das Resultat war eine völlige Veränderung in vier kurzen Stunden.

Gott ist auch im »Verschönerungsgeschäft« tätig, aber er produziert innere und ewige Schönheit, die nicht durch Wind und Wasser, nicht einmal durch die Zeit zerstört werden kann. Allerdings möchte ich oft dem notwendigen Schneiden, der Reinigung durch Bekenntnis und der Hitze der Lebenserfahrungen, durch die die dauerhafte Schönheit hervorgebracht wird, entgehen. Wenn ich aber meiner selbst so sicher bin, wie Stephanie es war, wenn ich mich in dieser Sicherheit selbst Freunden anvertraue, sollte ich mich da nicht viel mehr Gott anvertrauen können. Trotzdem habe ich Gott zeitweise gebeten, unliebsame Situationen zu verändern, während die Antwort auf diese Bitten doch immer nur sein kann: Ich werde dich sicher hindurchtragen, aber nicht drum herumführen. Paulus bat Gott wiederholt darum, ein schwieriges Problem von ihm zu nehmen. Die Antwort, die er erhielt, war: »Laß dir an meiner Gnade genügen, denn meine Kraft ist in den Schwachen mächtig« (2. Kor. 12, 9).

Unerwartete Kraftzufuhr

Das Prinzip der göttlichen Kraft in uns ist schwer zu akzeptieren, da es uns jegliche Möglichkeit zum Stolz nimmt. Das sollte ich ganz deutlich sehen. An einem schönen Sonntagmorgen war ich sehr in Eile: Frühstück, Gäste, Vorbereitungen für das Mittagessen. Dann rannte ich hinaus in den Garten, um Blumen für den Versammlungsraum zu schneiden. Die Steine vor dem Haus waren schlüpfrig vom Tau, und ehe ich mich dessen versah, lag ich flach, spürte einen stechenden Schmerz im Rücken und war unfähig, mich zu bewegen. Die ärztliche Untersuchung ergab, daß ich eine verletzte Bandscheibe, zwei gebrochene und einen angeknacksten Knochen hatte und mich mindestens drei Monate nicht würde bewegen können.

In zwei Wochen sollte unsere Bibelfreizeit beginnen. In ernstem Gebet hatte ich diese Zeit geplant, und ich konnte mir nicht vorstellen, daß Gott mir erst eine Aufgabe stellte, um sie mir dann nachher wieder abzunehmen. Außerdem hatte ich eine Verantwortung für meine Familie, und Gott hatte mir einen Körper gegeben als Gefäß für sein Leben, dem ich die bestmögliche Pflege angedeihen lassen sollte.

Wenn ich an die Freizeit dachte, konnte ich mir Hunderte von Frauen vorstellen, die dort sein würden. Frauen, zum Teil in Not und Verzweiflung, denen ich die Befreiung durch Christus mitteilen wollte. Aber *Gott ist nicht auf mich angewiesen!* Waren da andere, die er an meiner Stelle gebrauchen wollte? Ich konnte nur beten: »Vater, wenn du andere ausgewählt hast für diese Arbeit, dann segne sie bitte! Und bitte hilf mir zu erkennen, was ich in diesem langsamen Heilungsprozeß lernen soll. Aber wenn du mich durch ein Wunder so aufrichten willst, daß ich gehen kann, dann gib mir bitte eine Bibelstelle, durch die ich mit Sicherheit erkennen kann, was ich tun soll.«

Die Töne einer Schallplatte drangen bis in mein Zimmer, und ich hörte die Worte: Nichts ist unmöglich bei Gott. Auf dem Tisch neben meinem Bett stand ein Kästchen mit Karten, auf denen Verheißungen Gottes aufgeschrieben waren. Ich nahm eine Karte heraus und las: »Ich weiß, daß frei und offen, wie immer so auch jetzt, Christus verherrlicht werde an meinem Leibe, es sei durch Leben oder durch Tod« (Phil. 1, 20). Da wußte ich, daß Gott mich auf irgendeine Weise fähig machen würde, die mir gegebene Aufgabe zu erfüllen.

Ich erfuhr keine sofortige Heilung oder irgendeine wunderbare Berührung, aber ein tiefer Friede und eine gewisse, neugierige Erwartung erfüllten mich. Nur ganz langsam lernte ich, mich etwas zu bewegen, durch das Zimmer zu gehen, und war schließlich fähig, die Fahrt zum Flughafen zu machen. Aber jeder kleine Fortschritt kam erst dann, wenn er unbedingt nötig war.

Als ich an Ort und Stelle ankam, wußte niemand etwas von meinem Unfall. Trotzdem hatte man mir einen Raum zugewiesen, der nur wenige Schritte von dem Platz entfernt war, von dem aus ich sprechen sollte. Es war das einzige Mal bei all meinen derartigen Arbeiten, daß ich ein solches Arrangement hatte. Stufen hätte ich unmöglich überwinden können, aber es gab auch gar keine. Am Ende jener drei Tage sagten mir die Teilnehmer, daß sie nie vorher in ihrem Leben die Gegenwart Gottes so stark erfahren hätten wie während dieser Zeit in jeder unserer Zusammenkünfte. Ich hatte keine Kraft in mir, aber Gott hatte in seiner Güte mich mit seiner Kraft umgeben. Es dauerte noch Monate, bis ich völlig geheilt war, und während dieser Zeit mußte ich noch oft neue Prioritäten setzen. Aber es gab nicht einen Tag, an dem ich unfähig gewesen wäre, das zu tun, was Gott mir aufgetragen hatte; allerdings sah ich mich immer wieder vor die Frage gestellt, wessen Kraft die Menschen in mir sehen sollten. Paulus erkannte seine Schwachheit als Gelegenheit zum Erkennen von Gottes Herrlichkeit.

Welche Freude bedeutet es für unseren himmlischen Vater, wenn wir aus der Geborgenheit in ihm heraus die Situationen willkommen heißen, die er zu unserem Besten für uns geplant hat. Es war diese Sicherheit, die Maria befähigte, hinter dem unerhörten Ereignis die Liebe und Allmacht Gottes zu sehen. Es wäre nur zu verständlich, wenn sie dem Leben und den Menschen gegenüber bitter geworden wäre. Aber sie besaß ein Geheimnis, eine innere Gewißheit, die sich durch nichts zerstören ließ: Sie war zu Großem ausersehen, und sie gehörte Gott.

Von einem Niemand zu einem Jemand

Größe ist kein Zufall. Sie ist das Resultat sorgfältiger Vorbereitung und harter Arbeit. Bekannte Sportler sind nur durch fortwährendes, hartes Training zu ihren Erfolgen gekommen. Die Gemälde bedeutender Künstler, die Kompositionen großer Musiker sind nicht das Resultat ungeschulter Neulinge. Gott erwählt diejenigen, die nichts sind, aber er formt sie, damit sie jemand werden zum Lob seiner Herrlichkeit. Wo man nur kleine Opfer bringt, wird man auch nur kleinen Lohn empfangen; je größer das Opfer, umso größer der Segen Gottes.

Bequemlichkeit ist nicht das Kennzeichen großer Abenteuer und bedeutender Unternehmungen. Regenschauer schicken selten einen Bergsteiger ins Tal zurück. Und unbequeme Ereignisse konnten den Plan Gottes für Joseph und Maria nicht sabotieren. Ein neues Gesetz war in Kraft getreten, nach dem sie in ihre Vaterstadt ziehen mußten; und in Cäsars Gesetz waren keine Sonderfälle vorgesehen. Die Monate waren schnell vergangen, und Marias unbequemer körperlicher Zustand ließ eine solche Reise kaum wünschenswert erscheinen.

Sorgte sie sich um das Kind, das sie trug? Natürlich! Es war ja ein kostbares Geschenk, das man nicht den Gefahren der Straße aussetzte. Aber es war Gottes Kind, und Gott erwartet nicht, daß wir die volle Verantwortung für sein Eigentum tragen. Wenn wir unser Bestes getan und die Grenzen unserer Möglichkeiten erreicht haben, dann fängt sein Tun erst an.

Natürlich war der Zeitpunkt für diese Reise schwierig, aber Hindernisse sind da, um überwunden zu werden, und Schwierigkeiten sind der Weg, auf dem Gott zu uns kommt. Denn nur in Lagen, die wir selbst nicht meistern können, erleben wir die Allmacht Gottes.

Jakobus sagt uns in seinem Brief (1, 2–4): »Meine lieben Brüder, achtet es für lauter Freude, wenn ihr in mancherlei Anfechtung fallet, und wisset, daß euer Glaube, wenn er bewährt ist, Geduld wirkt. Die Geduld aber soll ihr Werk tun bis ans Ende, auf daß ihr seid vollkommen und ohne Tadel und kein Mangel an euch sei.«

Die größte »Unabhängigkeit« liegt in der Abhängigkeit von Gott. Die Bewahrung vor Problemen würde unser Wachstum zum »vollkommenen Mannesalter in Christus« verhindern. Wir wollen ja keine Babys im Glauben bleiben oder nur kümmerliche Beziehungen zu unseren Mitmenschen pflegen. Nur oft möchten wir einen leichteren Weg zu unserem Ziel finden. Aber unser Herr hat uns ja verheißen, auf dem schwierigen Weg vor uns herzugehen. »Der Herr wird vor euch herziehen und der Gott Israels euren Zug beschließen« (Jes. 52, 12). Gott lebt nicht nur durch den Heiligen Geist in seinen Kindern, sondern er umgibt uns auch, so daß wir uns nie zu fürchten brauchen vor den Dingen, die von außen an uns herangetragen werden; sie müssen alle an der Liebe Gottes vorbei.

Maria merkte bald, daß der Weg nach Bethlehem nicht einfach war. Trotzdem muß er voller Erwartung gewesen sein; jeder Schritt brachte sie dem großen Ereignis näher, das Gott in ihr Leben gestellt hatte.

Bücher sind geschrieben und Musikstücke komponiert worden – alle in dem Versuch, den Inhalt zweier kurzer Worte zu beschreiben: Keinen Raum! Es gibt Millionen von Menschen, die keinen Raum und keine Zeit in ihrem krampfhaften Suchen nach einem Sinn ihres Lebens finden. In ihrer leeren Geschäftigkeit finden sie weder Frieden mit Gott, noch mit sich selbst oder ihrer Umgebung. Ich frage mich, ob die Worte »keinen Raum« den Tatsachen entsprachen, oder ob der Inhaber der Herberge geldgierig war und aus den außergewöhnlichen Umständen so viel Kapital wie möglich schlagen wollte. Aber die Haltung der Menschen diesem Paar gegenüber war nicht der Schlüssel zu dem Geschehen. Er ist es auch nie in unserem Leben. Niemand kann uns dessen berauben, was Gottes Liebe und Weisheit für uns vorgesehen hat.

Der unerkannte Dieb

In meinem Leben gibt es einen geistigen Räuber, der alle Schätze stehlen möchte, die mein Herr für mich bereitgestellt hat. Wenn ich Maria gewesen wäre, hätte ich mich sicher aufgelehnt gegen die Menschen, die so wenig Verständnis für meine Lage aufbrachten.

Die Reise erfolgte möglicherweise auf einem Esel. Der Wind wird durch Marias selbstgesponnenes und selbstgewebtes Gewand hindurchgedrungen sein. Konnte sie nicht etwas mehr Rücksichtnahme erwarten, vor allem, da sie von Gott auch noch zu etwas Besonderem auserwählt worden war? Aber wir finden in Marias Leben keinen Hochmut, der uns so schnell aufbläst, wenn Gott etwas Wunderbares in unserem Leben tut.

Vielleicht hätten Joseph und Maria die Leute überzeugen können, wenn sie ihnen ihre besondere Lage geschildert hätten. Sicher wäre Maria dann jegliche Pflege und Rücksichtnahme zuteil geworden. Aber war sie bereit, Bequemlichkeit und Anerkennung bei Menschen höher zu stellen als die Stille vor Gott? Da wir Menschen nicht zwei Blickrichtungen zu gleicher Zeit folgen können, verdunkelt die Betriebsamkeit der Menschen um uns herum oft unseren Blick für den Reichtum Gottes, wie er uns in Jesaja 40, 31 und in Vers 11 desselben Kapitels gezeigt wird: »Die auf den Herrn harren, kriegen neue Kraft, daß sie auffahren mit Flügeln wie Adler, daß sie laufen und nicht matt werden, daß sie wandeln und nicht müde werden.« – »Er wird seine Herde weiden wie ein Hirte. Er wird die Lämmer in seinen Arm sammeln und im Bausch seines Gewandes tragen und die Mutterschafe führen.«

Hätte Gott für Joseph und Maria nicht einen Raum in der Herberge reservieren können? Warum mußten sie stattdessen in einem Stall unterkommen? Vielleicht weil kein anderer Platz die Niedrigkeit des Menschensohnes so deutlich hätte zeigen können. Die Diener von königlichen Besuchern übernachteten oft in einem Stall, um die ihnen anvertrauten Tiere gut versorgen zu können und ständig reisebereit zu sein.

Maria hatte erkannt, daß auch sie eine Dienerin war; sie diente dem König aller Könige, dem allmächtigen Gott. Und ihr Sohn, »der in göttlicher Gestalt war, nahm es nicht als einen Raub, Gott gleich zu sein, sondern entäußerte sich selbst und nahm Knechtsgestalt an, ward gleich wie ein anderer Mensch und an Gebärden als ein Mensch erfunden« (Phil. 2, 6–7).

Von der Gestalt Gottes zu der Gestalt eines Sklaven aus freien Stükken! So wie die Diener irdischer Könige, so würde auch er Verantwortung tragen, jenen Ruhe zu geben und für ihre Sicherheit zu sorgen, die ihm anvertraut waren, ihnen das Brot des Lebens zu reichen, das ihnen Kraft für ihre Reise geben würde. Sie würden das brauchen; denn Gott wollte ihnen ja eine weltweite Mission anvertrauen.

In dem Stall würde die Welt das Bild des vollkommenen Sklaven sehen. Der eine, der sagen konnte: »Ich und der Vater sind eins« (Joh. 10, 30), hatte die Herrlichkeit des Vaters verlassen, um uns den Frieden Gottes zu bringen. Nur wenn wir unsere kleinen, persönlichen »Herrlichkeiten« verlassen, können wir den Frieden Gottes finden. Unser Stolz und unser Hochmut vergehen, wenn wir auf den guten Hirten sehen, der durch einen Stall auf diese Erde kam.

Zu diesem Bild der Niedrigkeit gehört es auch, daß die Mitteilung seiner Ankunft an Hirten gerichtet war. Wenn diese Männer Berühmtheit erlangt haben, dann nur durch ihre Vertrauenswürdigkeit. Draußen auf dem Feld in dem hügeligen Land um Bethlehem finden wir sie in jener Nacht. Es ist dieselbe Gegend, in der einst eine einsame, fremde Frau Arbeit gesucht hatte, um ihre Schwiegermutter zu unterstützen. Bei dieser Arbeit hatte sie den reichen Boas getroffen, war seine Frau und damit die Urgroßmutter des Königs David geworden.

Seit den Tagen Davids und seines Sohnes Salomo hatte sich vieles geändert. Die politische Unterdrückung hatte einen neuen Höhepunkt erreicht. Viele Menschen waren wach geworden und warteten sehnsüchtig auf das Kommen des verheißenen Retters. Aber sie durchforschten nicht das Wort Gottes nach der Zeit und dem Ort seiner Ankunft.

Haben sich die Hirten über diese Hoffnung ihres Volkes unterhalten, als sie in der Dunkelheit wachten? Als sie dort beisammensaßen, wurden die Geräusche der Nacht durch eine Stimme unterbrochen, wie sie ähnlich nie vorher eine gehört hatten. Jede Unterhaltung stockte, als sie zitternd vor Furcht die Worte vernahmen: »Fürchtet euch nicht! Siehe, ich verkündige euch große Freude, die allem Volk widerfahren wird; denn euch ist heute der Heiland geboren, welcher ist Christus, der Herr, in der Stadt Davids. Und das habt zum Zeichen: Ihr werdet finden das Kind in Windeln gewickelt und in einer Krippe liegen. Und alsbald war da bei dem Engel die Menge der himmlischen Heerscharen, die lobten Gott und sprachen: Ehre sei Gott in der Höhe und Friede auf Erden bei den Menschen seines Wohlgefallens« (Luk. 2, 10–14). Die Verbreitung dieser guten Botschaft begann im gleichen Moment, in dem sie mitgeteilt wurde.

Haben Sie schon manchmal gedacht, Sie seien der einzige Mensch in Ihrer Umgebung, der Jesus kennt? Dann fangen Sie an, die Realitäten Ihres Glaubens anderen mitzuteilen. Frohsinn und Freundlichkeit sind ansteckend. Ein Dankeslied nimmt nicht nur die Last vom Herzen dessen, der es singt, sondern die Freude und Hoffnung, die davon ausgehen, erhellen auch den Weg anderer in der Umgebung. Jemand muß anfangen, zu reden und mitzuteilen. Sind Sie derjenige, der das tut?

Schätze in einem Stall

Die Mitteilung von dem Kommen Christi in diese Welt als Retter und Herr wird immer eine Reaktion finden. Die Hirten wurden mit großer Freude erfüllt. Erwartungsvoll sagten sie: »Laßt uns nach Bethlehem gehen und die Geschichte sehen, die da geschehen ist, die uns der Herr kundgetan hat« (Luk. 2, 15).

Hart arbeitende Männer, verläßlich in ihrer Verantwortung und stark in ihrem Glauben, eilten zu dem Stall. Sie verließen ihre Schafe, um das Passahlamm Gottes zu sehen, dessen Leben für alle Menschen geopfert werden sollte, damit ihre Sünde ein für allemal hinweggetan würde. Bis zu diesem Zeitpunkt waren alle Opfer nur ein Bild des ewig gültigen Opfers gewesen, das Gottes eigener Sohn bringen sollte. Alle vorangegangenen Opfer hatten die Menschen lehren sollen, dieses eine Opfer zu verstehen und es anzunehmen.

Als ihre Herden außer Sicht kamen, näherten sich die Hirten dem Stall. Sie kamen aus der Dunkelheit zur Herrlichkeit Gottes, die sich in winziger Figur in einer Krippe darstellte. Rauhe Hände, die oft die Wunden der in die Irre gegangenen Schafe verbunden hatten, streckten sich nun aus, um das verbindende und heilende Liebesgeschenk Gottes zu empfangen.

Wie oft werden wir in unserem Leben beiseite genommen, von der »Herde« abgesondert, damit wir den Hirten sehen können und neue Kraft in seiner Gegenwart empfangen.

Als die Hirten in jener Nacht den Stall wieder verließen, hatten sich ihre materiellen Verhältnisse nicht im geringsten verändert, wohl aber ihre Ansicht darüber. Das Leben hatte sich für sie verändert, es würde nie wieder so sein wie vorher. Hat sich auch unser Leben verändert durch das Zusammentreffen mit Jesus? Gehen wir hin in die Dunkelheit dieser Welt und erzählen von unserer Freude in Jesus, wie die Hirten es taten?

»Maria aber behielt alle diese Worte und bewegte sie in ihrem Herzen« (Luk. 2, 19). Und das war erst der Anfang des Reichtums, was sie bisher erlebt hatte. Eine hebräische Frau hatte in ihrem einfachen, stillen Leben die Wirklichkeit Gottes erfahren. Wer hätte je von solchen Erfahrungen geträumt? Von einem kleinen Dorf, in dem nie etwas geschah, zu einem Leben, das die ganze Welt verändern würde. Von einem Dasein in äußerlicher Armut zu himmlischem Reichtum in ihrem ärmlichen Zuhause. Das Kind würde unter ihrem Einfluß und ihrer Liebe aufwachsen mit Joseph als dem Haupt der Familie. Wer würde sich da schon zurücksehnen nach dem früheren Leben unter eigener Regie?

Selbst einem römischen Herrscher, der ihr diese schwierige Reise verordnet hatte, hätte Maria dankbar sein können, sandte er sie doch an den Ort, der nach Gottes Plan für die Geburt ihres Sohnes vorgesehen war. Kein Wunder, daß wir in Römer 13, 1 lesen: »Jedermann sei untertan der Obrigkeit . . . Denn es ist keine Obrigkeit ohne von Gott.« Vielleicht sollten wir nicht soviel Energie aufwenden, um uns gegen die Gesetze des Landes aufzulehnen, sondern einmal die positiven Aspekte herauszufinden versuchen, die der Förderung des Evangeliums, uns selbst und dem ganzen Volk dienen können.

Maria war Teil eines unerhörten Wunders geworden, an dem außerirdische Botschafter beteiligt waren. Trotzdem war sie nur Maria – plus Gott.

Gott benutzt eigenartige Werkzeuge, um seine Wunder zu vollbringen. Zerbrochene Herzen, ödes Hügelland und düstere Ställe gelangen zu ungeahnter Schönheit, wenn Jesus sie benutzt. Eine Stadt und ein Herbergsbesitzer waren zu beschäftigt, um den Chor der Engel zu hören und Jesus zu sehen. Die Hetze unserer Zeit hindert oft unser Leben mit Christus. Wir möchten die Schönheit Jesu in unserem Leben widerspiegeln, aber wir vergessen, daß diese Schönheit sich nur in stillen Herzen und in der Gegenwart Jesu entwickeln kann.

4 Das Abbild Gottes

»Niemand versteht mich! Ich muß unbedingt mit meiner Mutter reden. Ich weiß, sie ist tot, aber ich *muß* mit ihr reden!« Die Verzweiflung und Hoffnungslosigkeit in Christies Stimme war erschreckend. Aber sie ist nur eine von Tausenden von jungen Menschen, die an spiritistischen Sitzungen und anderen okkulten Veranstaltungen teilnehmen. Zauberei, Astrologie und ähnliche Erscheinungen sind in vielen Familien zu finden. Neue Fernsehprogramme, Filme und sogar Spielzeug werden produziert, um aus dem allgemeinen Interesse an diesen Dingen Kapital zu schlagen.

Viele Fragen beschäftigen die Menschen, wie zum Beispiel: Ist das nur Spaß oder ist es falsch, sich mit solchen Dingen zu beschäftigen? Was geschieht da wirklich? Wie kommt so etwas zustande?

Wir vergessen, daß die Geburt und das Leben Jesu uns mit Ereignissen konfrontieren, die weit über unser Verstehen hinausgehen. Nie vorher ist jemand über diese Erde gegangen mit den übernatürlichen Kräften, wie Jesus sie besaß.

Er kam aus dem Tod zurück und redete mit vielen Menschen, darunter mit 500 auf einmal. Er kam durch die Wände eines verschlossenen Raumes, trotzdem konnten die Menschen seinen Körper anfassen, seine Narben berühren und mit ihm essen. Er stieg auf die Höhe eines Berges und ging im hellen Sonnenschein umher. Er versteckte sich nicht in der Dunkelheit und löste sich nicht einfach in Nebel auf. Er war wirklich und lebendig.

Er stand nicht nur selbst von den Toten auf, sondern befähigte auch andere dazu und gab sie ihrem normalen, irdischen Leben zurück. Es war ganz selbstverständlich für ihn, alle möglichen Krankheiten und körperlichen Behinderungen zu heilen, wie Blindheit, Taubheit, verkrüppelte Beine, und die Menschen in einem Augenblick gesund zu machen.

Welche billige Nachahmung seiner Kraft sehen wir in den fraglichen außersinnlichen Phänomena unserer Tage. Die Bibel ist voll von phantastischen Berichten über die dynamische Kraft Gottes im Leben seiner Diener durch alle Zeitalter hindurch. Tausende von Menschen wanderten durch die Wüste, bei Nacht von einer Feuersäule erwärmt und vor ihren Feinden verborgen und tagsüber von einer Schatten spendenden Wolke beschützt. Ihre Kleider und Schuhe zeigten in Jahren keinerlei Spuren von Verschleiß, keine Krankheit befiel sie, und nur ein wenig Manna, das vom Himmel fiel, erhielt sie jahrelang am Leben. Wachteln erschienen plötzlich und in solcher Menge, daß das ganze Volk ein Festmahl halten konnte. Das Rote Meer wurde auf Gottes Befehl zu einem trockenen Weg und später, als die Wasser zurückkamen, zum Grab für die Feinde des Volkes.

Es gibt Hunderte von weiteren Berichten in der Bibel über die Allmacht Gottes. Aber es steht nicht in unserer menschlichen Macht, hinter unsere sichtbare Welt zu schauen. Gott hat uns seit dem Anfang der Weltgeschichte gesagt, daß es zwei verschiedene »Wellenlängen« gibt. Die geistige und die physische Welt existieren nebeneinander. Gelegentlich schaltet Gott um und erlaubt einem einzelnen Menschen, die geistige Welt zu sehen, in der er sich bewegt. Das geschieht aber nur zu einem bestimmten Zweck, der auf keine andere Weise erreicht werden kann.

Ein solch bemerkenswerter Vorfall ereignete sich einige hundert Jahre ehe Christus geboren wurde, als der König von Syrien gegen Israel Krieg führte. Der Prophet Elisa wurde von dem Feind als ein sehr mächtiger Mann angesehen, den man nicht unterschätzen durfte, denn Gott hatte ihn befähigt, die syrischen Schlachtpläne zu erkennen, ehe sie zur Ausführung kamen. Seine Gefangennahme war von äußerster Wichtigkeit, wenn man Israel je besiegen wollte. Eine große Heeresmacht wurde ausgesandt, um dieses Unternehmen auszuführen.

Als Elisa und sein Diener am Morgen erwachten, sahen sie das große Heerlager des Feindes, das die Stadt umschloß. Der Diener war entsetzt, aber Elisa sah mehr als die feindliche Macht. Er gewahrte die Heere Gottes, die mit feurigen Rossen und Wagen die umliegenden Hügel bedeckten. Und er beruhigte seinen Diener mit den Worten: »Fürchte dich nicht, denn derer sind mehr, die bei uns sind, als derer, die bei ihnen sind.« Dann betete er: »Herr, öffne ihm die Augen, daß er sehe!« Und Gott öffnete dem Diener die Augen, daß er die Heere Gottes erkennen konnte (2. Kön. 6, 16–17). Auch wir brauchen uns nicht zu fürchten, denn bei uns ist eine größere Macht als Satan sie besitzt.

Die falsche Wellenlänge

So wie es zwei verschiedene Welten gibt, die geistige und die physische, so regieren in diesen zwei Welten auch zwei unterschiedliche Mächte.

Seit dem Anfang seiner Geschichte weiß der Mensch nicht, was er mit seinem Leben anfangen soll. Gott hat ihm ein Verlangen gegeben, bestimmte grundsätzliche Notwendigkeiten zu erfüllen. Er hat ihm außerdem einen Plan gegeben, wie diese nötigen Dinge zu tun sind. In Philipper 2, 13 lesen wir: »Denn Gott ist's, der in euch wirkt beides, das Wollen und das Vollbringen, zu seinem Wohlgefallen.« Gott hat jederzeit vollen Zutritt zu unserem Sein. Er mag uns in direkter Weise durch unseren Geist leiten, denn mit ihm nehmen wir Gott wahr. Oder er kann uns durch Gefühle, Gedanken, Willen oder unsere Persönlichkeit leiten oder auch durch unseren Körper, durch den wir den Kontakt mit der Umwelt und den Mitmenschen pflegen. Aber nicht nur Gott sucht unser Leben zu regieren. Satan, der uralte Gegenspieler Gottes, ist ein guter Stratege; er ersetzt oft die Botschaft Gottes durch eine ähnlich lautende. Aber er spricht uns nicht in der umfassenden Weise an wie Gott; er versucht, uns durch unsere Sinne zu betören. Mit den Ohren hören wir auf die Dinge, die Zweifel, Furcht, Lust und Hochmut wecken und uns schuldig werden lassen. Mit den Augen sehen wir suggestive Bilder und die alltäglichen Ereignisse wie Krankheit, finanzielle Verluste und Tod.

Wir sehen einen Autounfall, bei dem Menschen ums Leben kommen und fragen: »Warum läßt Gott so etwas zu?« Gott hat das Auto nicht gemacht, und er ist nicht für die verkehrte Anlage des Benzintanks verantwortlich, wodurch jedes Jahr Hunderte von Menschen verbrennen. Es ist die Wirkung von satanischen Kräften, die durch Alkohol, Drogen und andere Ursachen die Gedanken der Menschen lenken und Reaktionen hervorrufen, durch die solche Ereignisse eintreten. Statt die obige Frage zu stellen, sollten wir Gott dafür danken, daß so viele Menschen wohlbehalten an ihr Ziel gelangen.

Wie oft schreiben wir den menschlichen Fähigkeiten das Gute zu, das Gott tut, und Gott das Böse, das der Mensch vollbringt. Eine Brücke fällt zusammen und begräbt Menschen unter sich. Ein Damm bricht, und das Wasser überflutet Städte und Dörfer, weil das Baumaterial ungenügend oder die Berechnungen falsch waren; vielleicht waren auch zuständige Stellen schon gewarnt worden, und sie haben gezögert zu handeln. In all diesen Ereignissen können wir mangelndes Verantwortungsbewußtsein, Unehrlichkeit oder falsche Beurteilung von Menschen erkennen.

Kann Gott solche Unfälle nicht verhindern? Natürlich kann er! Aber wenn Gott alle Tragödien der Welt verhindern würde, so hätte kein Mensch je die Verantwortung und die Freude, Entscheidungen zu treffen. Dann gäbe es keine Gelegenheit, durch Fehler zu lernen, keine Motivation, Neues zu erfinden; denn es wäre ja ganz gleichgültig, ob die Dinge funktionieren oder nicht. Ja, wir wären gar keine Persönlichkeiten im eigentlichen Sinn, wir wären Roboter, von einer totalitären Gottheit gelenkt.

Aber Gott sei Dank, der jedem von uns einen Verstand und eine eigene Persönlichkeit gegeben hat und damit die Fähigkeit, zu unterscheiden, zu reagieren und mit Gott in Verbindung zu treten, dem persönlichen Gott, der das ganze Universum und uns erschaffen hat. Die meisten unserer Erfahrungen resultieren aus der Möglichkeit, zu wählen und Entscheidungen zu treffen. Die Fähigkeit zur Liebe macht uns zu gebenden Menschen, die frei sind, um Liebe zu geben und zu empfangen. Die Fähigkeit zum Haß läßt uns das verabscheuen, was Gottes Ziel mit uns zerstören könnte.

Gott war vollkommen frei, uns zu lieben oder nicht, und er gab uns dieselbe Freiheit. Wenn wir so werden möchten wie er, dann nur durch unsere freie, persönliche Entscheidung. Gott verletzt unsere Freiheit nicht, er zwingt uns nicht in seine Form. Das läßt uns allerdings auch keine Möglichkeit, Gott für unsere Fehler verantwortlich zu machen. Vielleicht ist das heutige Verlangen, Computer zu bauen, die bisherige Fehlerquellen ausschließen, die Reflektion unseres inneren Wunsches, freizuwerden von der Schuld und den Fehlern der Vergangenheit und der Anstrengung, uns vor künftigen Fehlern zu schützen.

Wenn wir in Zukunft frei sein wollen, so müssen wir die Vergebung unserer vergangenen Fehler erlangen. Und vor neuen Fehlern und Irrtümern können wir uns nur schützen, wenn Gott unser Leben regiert. Denn er verkalkuliert sich nicht.

Viele unserer Entscheidungen treffen wir so automatisch, daß wir es gar nicht merken. Unsere Gedanken können etwas, was wir sehen, nur kurze Zeit ablehnen, dann dringt es in unser Bewußtsein. Die Praxis der Gehirnwäsche basiert auf dieser Tatsache. Wenn etwas oft genug wiederholt wird, wird es ein Teil unseres Denkprozesses und kann durch den entsprechenden Reiz jederzeit abgerufen werden, wie zum Beispiel durch ein bestimmtes Wort, ein Lied, einen Geruch, ein Bild, einen Geschmack oder eine Berührung. Unsere innere Erwiderung wird durch das hervorgerufen, mit dem unsere Sinne in Kontakt kommen.

Ein allgegenwärtiger Gott

Welchen Vorteil könnten wir haben, wenn wir unsere Sinne schärfen würden, um die Wunder Gottes zu erkennen. Gott ist völlig unbegrenzt Gott. Er kann die Sonne auf der einen Hälfte der Erde scheinen lassen und den Mond auf der anderen. Aber der das alles schuf, ist nicht so begrenzt wie seine Schöpfung; denn er ist überall gleichzeitig zugegen. »Du fährst auf den Wolken wie auf einem Wagen und kommst daher auf den Fittichen des Windes« (Ps. 104, 3). »Des Herrn Augen schauen alle Lande, daß er stärke, die mit ganzem Herzen bei ihm sind« (2. Chron. 16, 9).

All unsere menschliche Erkenntnis zusammengenommen ist nichts im Verhältnis zu der unbegrenzten Weisheit und Erkenntnis Gottes. Er fragt: »Wo warst du, als ich die Erde gründete? Weißt du, wer ihr das Maß gesetzt hat oder wer über sie die Richtschnur gezogen hat? Worauf sind ihre Pfeiler eingesenkt, oder wer hat ihren Eckstein gelegt? Wer hat das Meer mit Toren verschlossen, als es herausbrach wie aus dem Mutterschoß, als ich ihm seine Grenze bestimmte und sprach: Bis hierher sollst du kommen und nicht weiter; hier sollen sich legen deine stolzen Wellen? Hast du zu deiner Zeit dem Morgen geboten und der Morgenröte ihren Ort gezeigt? Bist du zu den Quellen des Meeres gekommen und auf dem Grund der Tiefe gewandelt? Haben sich dir des Todes Tore je aufgetan, oder hast du gesehen die Tore der Finsternis? Hast du erkannt, wie breit die Erde ist? Welches ist der Weg dahin, wo das Licht wohnt, und welches ist die Stätte der Finsternis? Bist du gewesen, wo der Schnee herkommt, oder hast du gesehen, wo der Hagel herkommt, die ich verwahrt habe für die Zeit der Trübsal und für den Tag des Streites und Krieges? Welches ist der Weg dahin, wo das Licht sich teilt und der Ostwind hinfährt über die Erde? Wer ist des Regens Vater? Wer hat die Tropfen des Taus gezeugt? Weißt du des Himmels Ordnungen, oder bestimmst du seine Herrschaft über die Erde? Wer gibt die Weisheit in das Verborgene? Wer gibt verständige Gedanken? Weißt du die Zeit, wann die Gemsen gebären, oder hast du aufgemerkt, wann die Hirschkühe kreißen? Zählst du die Monde, die sie erfüllen müssen, oder weißt du die Zeit, wann sie gebären? Ihre Jungen werden stark und groß im Freien und gehen davon und kommen nicht wieder zu ihnen. Kannst du dem Roß Kräfte geben oder seinen Hals zieren mit einer Mähne? Kannst du es springen lassen wie die Heuschrecken? Fliegt der Falke empor dank deiner Einsicht? Fliegt der Adler auf deinen Befehl so hoch und baut sein Nest in der Höhe?« (Aus Hiob 38 und 39).

Wenn wir ehrlich sind, so müssen wir antworten, daß wir eigentlich immer noch von alledem nichts wissen. Gott dagegen kennt die Zusammenhänge von Anfang an. Aber ebenso kennt er das Ende unseres irdischen Zeitalters, und er läßt uns nicht im Unklaren darüber. In Jesaja 24, 20 lesen wir: »Die Erde wird taumeln wie ein Trunkener und wird hin und her geworfen wie eine schwankende Hütte; denn ihre Missetat drückt sie, daß sie fallen muß und nicht wieder aufstehen kann.« Und in 2. Petrus 3, 9–10 steht geschrieben: »Der Herr verzögert nicht die Verheißung, wie es etliche für einen Verzug achten; sondern er hat Geduld mit euch und will nicht, daß jemand verloren werde, sondern daß sich jedermann zur Buße kehre. Es wird aber des Herrn Tag kommen wie ein Dieb; dann werden die Himmel zergehen mit großem Krachen; die Elemente aber werden vor Hitze schmelzen, und die Erde und die Werke, die darauf sind, werden verbrennen.«

Vernichtende Energie

Es wird die Zeit kommen, wenn Gott diese Erde hinwegtun und die neue Erde und den neuen Himmel hervorbringen wird, von denen in Offenbarung 21, 1 die Rede ist. Solche Energie ist außerhalb jeder menschlichen Vorstellungskraft, obwohl wir ständig auf der Suche nach neuen Energiequellen sind.

Eine dieser Quellen, die wir nicht übersehen sollten, ist die psychische Energie der menschlichen Persönlichkeit. Professor Douglas Dean sagt aus, daß er den Gebrauch einer Vorrichtung beobachtete, die Psychotronic Generator genannt wird und zu dem Zweck entworfen wurde, psychische Energie von Menschen zu empfangen, zu sammeln, umzuwandeln und als treibende Kraft wieder abzugeben.

Aber das ist eigentlich nichts Neues. Die Bibel beginnt mit der größten Anwendung psychischer Energie, die die Welt überhaupt erfahren kann. Gott erschuf alles aus dem Nichts, nur durch die Kraft seiner Persönlichkeit. Er machte Himmel und Erde und rief das Licht hervor, wo vorher nur Finsternis herrschte.

Er nahm einen Klumpen Erde, gab ihm eine so hoch wissenschaftliche Struktur, daß alle Genies aller Zeitalter zusammen nicht fähig sind, seine Funktion ganz zu verstehen und zu erklären. Dem Staub der Erde gab er einen Daseinsgrund und die Fähigkeit, Leben, Bewegung, Schönheit und Kraft hervorzubringen.

Und nun weiß der Mensch nicht, was er mit dieser Kraft anfangen soll. Dr. Kenneth B. Clark beschwor im Jahre 1973 in einer Rede die American Psychological Association, die Entwicklung von Drogen zur Zügelung von Aggressionen voranzutreiben, um sie den Führern aller Nationen in der Welt zu verabreichen, damit der Einsatz von Nuclearwaffen verhindert und durch diese medizinische Behandlung der Verantwortlichen eine Abrüstung herbeigeführt werden könne.

Der Mensch ist eher bereit, sich Drogen auszuliefern, die die Kreativität seiner Gedanken verhindern, als sein Leben unter die Führung Gottes zu stellen. Dieses Verhalten finden wir schon im Garten Eden, wo der Mensch seine eigenen Pläne an die Stelle von Gottes Gebot setzt, und so ist es durch die ganze Menschheitsgeschichte geblieben.

Lange nach dem Geschehen im Garten Eden, als Mose als Volksführer vor Pharao erschien, erlebte er einen billigen Ersatz – die Zauberei –, den Satan dem Menschen bietet, der sich von Gott abwendet. Mose stand im Auftrag Gottes vor Pharao und forderte die Entlassung der Israeliten aus der Sklaverei. Als Pharao dieses Ansinnen ablehnte, warf er seinen Stab auf den Boden, wie Gott ihm vorher befohlen hatte. Der Stab wurde zur Schlange. Die Weisen und Zauberer Ägyptens wurden gerufen, und sie gaben eine Demonstration von Psychokinese, das ist die Bewegung von Gegenständen, ohne sie zu berühren. Ihre Stäbe nahmen die Form von Schlangen an. Aber die Grenzen der Kraft Satans treten immer zutage, wenn sie der Kraft Gottes gegenübergestellt wird. Die Schlange Moses fraß die Schlangen der Zauberer auf.

Als Pharao sich weiterhin weigerte, die Hebräer freizulassen, zerriß Gott durch Mose das Gespinst von Mythen, Aberglauben und Betrügereien, welche die Ägypter in geistiger Sklaverei hielten. Die Frösche, die sie gelehrt worden waren, anzubeten, wurden so zahlreich, daß sie jedes Haus und das ganze Land erfüllten. Die Magier konnten auch Frösche zaubern, aber sie hatten keine Macht, die Frösche zu beseitigen, die Gott gesandt hatte.

Der Fluß, ein anderes Objekt der Anbetung, wurde mit Blut erfüllt, brachte allen Fischen den Tod, und die Menschen hatten kein Wasser mehr. Schwärme von Mücken und Läusen kamen, und eine Epidemie von Beulen brach aus, ehe das endliche Gericht über Pharao und seine Leute, die Gottes Gnade abgelehnt hatten, hereinbrach. Bei allen, die die angebotene Rettung Gottes nicht annahmen, kehrte der Tod ein.

Trotz all dieser Geschehnisse, die uns warnen sollen, ignorieren heute Millionen von Menschen das Buch Gottes über ihre Zukunft. Sie suchen Weisungen aus den Sternen und verlassen sich damit auf einen Ersatzgott. Gott führt uns nicht durch Mittel, deren Gebrauch er uns in seinem Wort verboten hat. Und er hat den Menschen ausdrücklich verboten, den Rat von Medien, Wahrsagern, Zauberern, Astrologen oder irgendeiner anderen Person, die mit übernatürlichen Kräften zu tun hat, einzuholen.

»Du hast dich müde gemacht mit der Menge deiner Pläne. Es sollen hertreten und dir helfen die Meister des Himmelslaufs und die Sterngucker, die an jedem Neumond kundtun, was über dich kommen werde! Siehe, sie sind wie Stoppeln, die das Feuer verbrennt, sie können ihr Leben nicht erretten vor der Flamme Gewalt. Denn es wird nicht eine Glut sein, an der man sich wärmen, oder ein Feuer, um das man sitzen könnte. So sind alle, um die du dich bemüht hast, die mit dir Handel trieben von deiner Jugend auf; ein jeder wird hierhin und dorthin wanken, und du hast keinen Retter« (Jes. 47, 13–15).

»Es soll nicht jemand unter dir gefunden werden, der seinen Sohn oder seine Tochter durchs Feuer gehen läßt oder Wahrsagerei, Hellseherei, geheime Künste oder Zauberei treibt oder Bannungen oder Geisterbeschwörungen oder Zeichendeuterei vornimmt oder die Toten befragt. Denn wer das tut, der ist dem Herrn ein Greuel, und um solcher Greuel willen vertreibt der Herr, dein Gott, die Völker vor dir her. Denn diese Völker, deren Land du einnehmen wirst, hören auf Zeichendeuter und Wahrsager; dir aber hat der Herr, dein Gott, so etwas verwehrt« (5. Mose 18, 10–12. 14).

Los von Gott, stehen wir unter der zerstörenden Führung Satans. Wenn das bisher unser Leben war, müssen wir eine ganze Kehrtwendung machen. Diese Umkehr oder Buße, wie sie die Bibel nennt, schließt eine Ablehnung alles dessen ein, was Gott verboten hat, und bedeutet weiterhin, daß wir ihn um Vergebung bitten. »So seid nun Gott untertänig. Widersteht dem Satan, so flieht er von euch. Nahet euch zu Gott, so nahet er sich zu euch. Reinigt die Hände, ihr Sünder, und heiligt eure Herzen, ihr Wankelmütigen« (Jak. 4, 7–8).

Wann haben Sie zuletzt mit Gott gesprochen?

Wie nahen wir uns zu Gott? Eine Möglichkeit ist das Gebet. Keine Form von übersinnlicher Wahrnehmung kann sich mit dieser Art der Kommunikation vergleichen. Durch das Gebet wird die Kraft Gottes frei und kann natürliches Verlangen in geistige Motivation umwandeln. Im Gebet kann der Geist Gottes unsere Wünsche umformen, damit wir um die Dinge bitten, die Gott uns gerne geben möchte. Das Gebet kann auch andere verändern, aber zunächst reinigt, stärkt und verschönt es den, der betet.

Haltungen und Verhältnisse in unserer Familie ändern sich nach dem Maß unserer Gebetstätigkeit. Wenn meine Kinder ungehorsam sind, so ist es meine Verantwortung, sie zu lehren, was sie tun sollen. Aber ich habe auch das Vorrecht, Gott darum zu bitten, diesem Kind zu helfen, das zu akzeptieren und zur Richtschnur seines Lebens zu machen, was ich im rechten Geist gelehrt habe. Kürzlich bat ich einen meiner Söhne, seine Hausaufgaben vor dem Essen zu erledigen, da hinterher keine Gelegenheit mehr dafür sein würde. Etwas später entdeckte ich, daß er nicht einmal den Versuch unternommen hatte, meiner Bitte zu folgen. Statt ihn zu erinnern, betete ich still: »Vater, auch um diese Dinge kümmerst du dich; bitte, veranlasse ihn zu tun, was ich ihm aufgetragen habe.« Augenblicke später saß ein zufriedenes Kind vor den geöffneten Büchern und war fleißig bei der Arbeit. Seitdem habe ich diese Methode in vielen Situationen ausprobiert und habe gemerkt, daß Gott den anderen einen leichten Rippenstoß versetzen wird, wenn wir unsere Verantwortung erfüllt haben.

Ich habe in meiner Familie echte Kommunikationsschwierigkeiten. Es ist oft sehr schwer, mit meinem reisenden Ehemann in Verbindung zu kommen. Manchmal weiß ich nicht einmal, in welchem Staat er sich aufhält. Wenn ich dann unbedingt etwas mit ihm besprechen muß, bitte ich einfach meinen himmlischen Vater, ihn zu veranlassen, zu Hause anzurufen. Und ich kann mich an keine dringende Angelegenheit erinnern, bei der er nicht angerufen hätte. Entfernungen sind für Gott kein Hindernis.

Er ist in seiner Kontaktaufnahme auch nicht an Christen gebunden. Er kann mit jedem beliebigen Menschen, ganz gleich, wo er sich befindet, in Verbindung treten und ihn zu etwas veranlassen, wenn das in seinem Plan für uns liegt. Vor einigen Jahren hatte ein Vertreter meinen Mann unter falschen Voraussetzungen zu einer Unterschrift veranlaßt. Kurze Zeit danach erhielten wir eine Rechnung über einige hundert Dollar. Da wir den dafür verantwortlichen Mann nicht ausfindig machen konnten, breiteten wir die Angelegenheit vor Gott im Gebet aus. Wir baten vor allem darum, daß Gott sich durch die Lösung dieses Problems verherrlichen möge.

Nach einigen Tagen erhielten wir einen Einschreibebrief mit einem Schuldgeständnis und der Bitte um Verzeihung. Der Schreiber war sich darüber klar, daß ein solcher Brief benutzt werden könnte, um ihn gerichtlich zu belangen, aber wir nahmen ihn zum Anlaß, Gott zu preisen. Eine Möglichkeit hatte sich aufgetan, dem verwirrten Mann zu erklären, wieso er diesen Brief hatte schreiben müssen. Es ist schon eine wunderbare Sache zu wissen, daß man Gott hören kann.

Und ich höre lieber etwas von dem lebendigen Gott als von einem toten Verwandten. Aber manche Menschen meinen, sie müssen unbedingt mit einem Verstorbenen reden. Vielleicht suchen sie darin Trost für ihren schmerzlichen Verlust oder eine Sicherheit für das Leben nach dem Tod. Solches Verlangen kann aber nur im Reden mit Jesus gestillt werden, der gestorben und auferstanden ist und jetzt lebt. Er wird ein zweitesmal kommen, und wir werden ihn sehen, wie er ist. Er hat seine Erfahrungen mit dem Tod nicht geheim gehalten; denn er hat uns mitgeteilt, daß der Tod besiegt und überwunden ist. Es gibt keinen Grund, Angst zu haben vor dem Tod, er ist nur ein Übergang, ein Ausziehen aus unserem begrenzten Körper und ein Hineingehen in eine völlig neue Lebenssphäre mit Jesus. »So sind wir nun getrost allezeit und wissen: solange wir im Leibe wohnen, wallen wir ferne vom Herrn; denn wir wandeln im Glauben und nicht im Schauen. Wir sind aber getrost und haben vielmehr Lust, außer dem Leibe zu wallen und daheim zu sein bei dem Herrn« (2. Kor. 5, 6–8).

Trotz der vielen Versicherungen Gottes versucht der Mensch das Sein nach dem Tode zu erforschen. Manche Wissenschaftler tragen ganze Bibliotheken von Tonbändern zusammen, auf denen sie Worte aufgenommen haben, von denen sie glauben, daß Verstorbene sie gesprochen haben. Es ist interessant, daß Tonwellen sich nicht auflösen und einfach vergehen.

In den letzten Jahren hat man die Wellen von ganzen Radioprogrammen, die vor vielen Jahren ausgestrahlt wurden, empfangen und wieder aufgezeichnet. In einem dieser Fälle existierte der Sender gar nicht mehr, der das Programm gesendet hatte. Bruchstücke vieler anderer Sendungen hat man aufgefangen; denn diese Tonwellen von Musik und Unterhaltungen umgeben uns überall, sie schwingen durch den Raum.

Gott deutet an, daß er einen Aufbewahrungsort für die Worte der Menschen hat, der das Fassungsvermögen jeder Microfilmbibliothek übersteigt. In Matthäus 12, 36–37 sagt Jesus: »Ich sage euch aber, daß die Menschen Rechenschaft geben müssen am Tage des Gerichts von einem jeglichen nichtsnutzigen Wort, das sie geredet haben. Aus deinen Worten wirst du gerechtfertigt werden, und aus deinen Worten wirst du verdammt werden.« Es wird zu diesem Zeitpunkt kein Überschneiden und kein Verschwinden der Töne geben. Wenn wir an dieses Gericht denken, so ist es doch sehr wichtig, mit jedem verletzenden und verkehrten Wort zu Jesus zu gehen und um Vergebung zu bitten.

Worte zeugen von unseren Entscheidungen und den Hoffnungen und Ängsten, die wir damit verbinden. In Sprüche 10, 24–28 lesen wir: »Was der Gottlose fürchtet, das wird ihm begegnen; und was die Gerechten begehren, wird ihnen gegeben. Wenn das Wetter daherfährt, ist der Gottlose nicht mehr; der Gerechte aber besteht ewiglich. Die Furcht des Herrn mehrt die Tage; aber die Jahre der Gottlosen werden verkürzt. Das Warten der Gerechten wird Freude werden; aber der Gottlosen Hoffnung wird verloren sein.«

Würden Sie lieber ihre ärgsten Befürchtungen oder ihre schönsten Hoffnungen verwirklicht sehen? Der »gerechte« Mensch ist gut, nicht wegen seinem Lebenswandel, sondern weil Gott in ihm wohnt, und Gott ist gut. Der Gerechte ist ein Mensch, der aufgehört hat, sein Leben selbst zu regieren und der Gott die Verantwortung gibt, die ihm zukommt. Des gerechten Mannes Leben ist gekennzeichnet durch das Verlangen, die Gebote Gottes zu erfüllen und sich von den Dingen abzuwenden, die seinem Herrn nicht gefallen. Ist er vollkommen? Nein! Aber er lebt nicht länger in Ängsten und Niederlagen. Seine Augen sind auf Gott gerichtet, und er weiß gewiß, daß Gott tun wird, was er verheißen hat.

Der Gottlose oder böse Mensch, wie ihn die Bibel auch manchmal bezeichnet, mag moralisch einwandfrei sein, aber er lehnt Gott als Regent in seinem Leben ab. Er kennt seine eigenen Schwächen und Grenzen und hat Angst, daß er in bestimmten Situationen versagen könnte. Wenn er trotzdem sich weiterhin auf sich selbst verläßt, werden seine Befürchtungen sich erfüllen. Warum sollte aber ein Mensch darauf warten, daß das geschieht? Warum bekennt er nicht vor Gott die Fehler und die Schuld seiner Vergangenheit, nimmt die

Vergebung in Christus an und kann nun durch die Macht Gottes ein neues Leben beginnen?

»Seid stark in dem Herrn und in der Macht seiner Stärke. Ziehet an die Waffenrüstung Gottes, daß ihr bestehen könnt gegen die listigen Anläufe des Teufels. Denn wir haben nicht mit Fleisch und Blut zu kämpfen, sondern mit Mächtigen und Gewaltigen, nämlich mit den Herren der Welt, die in dieser Finsternis herrschen, mit den bösen Geistern unter dem Himmel. Um deswillen ergreifet die Waffenrüstung Gottes, auf daß ihr an dem bösen Tage Widerstand tun und alles wohl ausrichten und das Feld behalten möget« (Eph. 6, 10–13).

»Kindlein, ihr seid von Gott und habt jene überwunden; denn der in euch ist, ist größer, als der in der Welt ist« (1. Joh. 4, 4). Jesus ist größer als alle anderen Mächte; und er hat sich unseren Körper zur Wohnung erwählt. Nur er kann uns zu innerer Harmonie verhelfen. Es ist derselbe Jesus, dessen sichtbares Leben auf dieser Erde seit Jahrhunderten vorbereitet und verheißen war, dessen Kommen durch außerirdische Boten den Menschen angezeigt wurde, der heute auch unser Leben regiert. Dieser mächtige Jesus, der nicht an unsere Begrenzungen von Raum, Zeit und Kraft gebunden ist, hat für uns den Tod und die große Macht Satans besiegt; wir brauchen sie nicht mehr zu fürchten, wenn wir in seinem Schutz stehen. Und er wird in großer Macht und Herrlichkeit wiederkommen, und alle werden seinen Sieg sehen. Gott sei Lob und Preis dafür durch Jesus Christus, unseren Herrn.

5 Herr, du hast nie gesagt, ich könnte nicht . . .

Warum kümmert sich Gott überhaupt um mich? Ich sah die Karte an, auf der geschrieben stand: Dinge, die ich für Gott getan habe. Von den 30 Aktivitäten, die darauf verzeichnet waren, konnte ich nicht eine als erledigt abhaken. Ich drehte das Blatt herum. Auf der anderen Seite lautete die Überschrift anders; aber die Liste war die gleiche, sie war überschrieben mit: Dinge, die ich für Gott tun will. Ich kann keine Orgel spielen, habe nie einen Chor geleitet, nie eine Sonntagschulklasse gelehrt oder Jugendarbeit getrieben. Ich kann nicht tippen oder in der Registratur arbeiten, noch beherrsche ich irgendeine der anderen angeführten Fertigkeiten. Aber etwas muß ich doch auf die Karte draufschreiben!

Schließlich schrieb ich: Tut mir leid, aber ich kann nichts von alledem. Aber das drückte nicht die Leere aus, die mein Herz erfüllte. Ich war 25 Jahre alt und konnte Gott absolut nichts bieten. Ich kannte die Bibel nicht und wußte von keinem der Männer, die sonntags in der Predigt erwähnt wurden. Ich wußte nur, daß mein Leben leer war, daß ich mich danach sehnte, es zu füllen und daß Jesus seine Liebe in den Abgrund meiner Not hineingegossen hatte.

Wie konnte ich nur unter all diesen talentierten und geschulten Leuten etwas sein für Gott? Aber ich mußte den Menschen von Jesus sagen! Warum klopfte mein Herz so wild, schlotterten meine Knie und zitterten meine Lippen, wenn ich von ihm sprach? Eines Tages betete ich aus purer Verzweiflung: »Herr, ich kann die wunderbaren Dinge, die du jeden Tag in meinem Leben tust, nicht fassen. Wenn du mir nicht hilfst, anderen davon zu erzählen, muß ich explodieren!« Ich bin sicher, daß Gott alles vermag. Er machte mich fähig, anderen Menschen aus meinem Leben zu berichten, nicht einer Masse von Menschen, sondern immer nur einer Person. Und anderen von meinen Erfahrungen mit Jesus zu berichten, das tue ich heute noch, im kleinen häuslichen Kreis und in großen Versammlungen. Aber es ist Gott, der redet; ich lobe und preise ihn nur.

Was wir für Gott tun, muß aus ehrlichem Herzen kommen. Eines

Tages sagte ein Pfarrer zu mir: »June, du bist bereit, alles für Gott zu tun, solange du weißt, daß du es vollbringen kannst. Hast du schon einmal daran gedacht, daß Gott unsere Fehler benutzt, um andere zu ermutigen und uns vom Stolz zu befreien? Würdest du auch etwas für Gott tun, wenn du annehmen müßtest, daß du grobe Fehler dabei machen würdest?«

Das war eine gute Frage; und es war der Anfang zur Überwindung meiner Furcht, vor größeren Gruppen zu sprechen. Denn jetzt konnte ich sagen: »Herr, selbst wenn ich versage, kannst du daraus einen Erfolg machen für dein Reich.«

Wenn wir unsere Grenzen akzeptieren – körperliche, finanzielle, seelische oder geistige – und fest damit rechnen, daß Gott gerade sie benutzen will, so werden wir erleben, daß unsere Schwachheit durch die Kraft Gottes ersetzt werden wird. Was so aussieht, als ob es uns hindert, wird dann zur Antriebskraft auf unserem Weg.

Wie ein Atom, das seine eigene Energie reaktivieren kann, so besitzt jeder Mensch ein eigenes Kraftzentrum, nämlich die Fähigkeit zu glauben. Fast alles, was wir tun, basiert auf Glauben. Ich würde nicht über eine Brücke gehen oder fahren, wenn ich nicht davon überzeugt wäre, daß sie mein Gewicht aushalten wird. Ich würde mich auch nicht auf einen Stuhl setzen, von dem ich annehmen muß, daß er zusammenbrechen wird. Unser gesamtes Geschäftsleben basiert auf Treue und Glauben. Wenn ich in einem Supermarkt den Einkaufswagen zwischen den Regalen hindurchschiebe und die Artikel hineinlege, die ich einkaufen will, so hindert mich niemand von dem Personal daran, denn alle nehmen an, daß ich am Ausgang bezahlen werde.

Ich habe mich oft gefragt, was Glaube eigentlich ist. Er ist kein Gefühl. Er ist auch nicht der Sinn für Frieden und Gerechtigkeit, obwohl Frieden ein Resultat des Glaubens ist. Glaube ist auch keine unbestimmte Kraft, die in mein Leben einzieht und Ergebnisse zeitigt, ob ich das will oder nicht.

In Lukas 5, 20 lesen wir, daß Jesus den Glauben der Menschen sah. Der Hintergrund dieser Aussage ist die Geschichte von Menschen in großer Not. Jesus sprach zu der Volksmenge in einem völlig überfüllten Haus. Die Leute standen so dicht, daß von außen niemand zu ihm kommen konnte. Aber ein paar Männer hatten einen

Freund gebracht, der sein Bett nicht mehr verlassen konnte. Sie sahen die Unmöglichkeit, zu Jesus vorzudringen, aber das hinderte sie nicht in ihrem Vorhaben; denn sie sahen auch ihre Chance. Sie kletterten auf das flache Dach des Hauses, deckten es an einer Stelle ab und ließen ihren Freund hinab vor die Augen Jesu.

Der Glaube weckt Tätigkeit und fordert die Kreativität. Zweifel zerteilt die Kraft des Gedanken und zersplittert die Energie. Er schwächt unsere gedanklichen, physischen und geistigen Fähigkeiten, weil er unsere Kraft teilt und in viele verschiedene Kanäle lenkt. Es ist wie bei einem mächtigen Strom, den man teilt und in viele kleine Flüsse leitet, die dann keine Kraft mehr haben.

Wenn ein Mensch die innere Harmonie zwischen Motivation, körperlicher Tätigkeit und seiner gesamten Persönlichkeit findet, kann er ungeahnte Kräfte entwickeln. Die seelische Kraft der menschlichen Persönlichkeit ist unvorstellbar groß, wenn die Einheit von Körper, Seele und Geist nicht durch innere Spannungen gestört ist. Sie kann mächtige Unternehmen gründen und erhalten, sie kann aber auch von Gott benutzt werden, um die Welt, in der wir leben – beginnend in unserer eigenen Familie – zu verändern. Jesus sagt: »Wenn ihr Glauben habt wie ein Senfkorn, so könnt ihr sagen zu diesem Berge: Hebe dich von hinnen dorthin!, so wird er sich heben; und euch wird nichts unmöglich sein« (Matth. 17, 20).

Wir bewegen aber leider keine Berge. Wir haben meistens noch nicht einmal gelernt, unsere Gedanken, unseren Willen, unsere Gefühle, einfach unsere ganze Persönlichkeit in Harmonie mit den Regeln Gottes für unser Leben zu bringen. Tun wir es, dann erkennen wir die unbegrenzte Macht, die uns zur Verfügung steht.

Gott wandelt in unseren Schuhen

Wir Menschen sind von Natur aus negativ, und wie leicht richten wir unseren Glauben auf die negativen Erfahrungen des Lebens. Jesus fuhr einmal mit seinen Jüngern in einem Boot über den See Genezareth, als ein Sturm aufkam. Voller Angst wandten sich die Jünger an ihren Meister und waren erstaunt, als sie erlebten, wie er Wind und Wellen gebot. Sie sahen das Resultat seines Glaubens, und er fragte sie:

»Wo ist euer Glaube?« (Luk. 8, 25)

Wo ist Ihr Glaube? Ist er auf die zerstörenden Wellen oder auf Jesus gerichtet, der in allen Lebensumständen gegenwärtig ist?

Wir glauben heute an die Korruption der Regierungen, die Entartung der Jugend und der Gesellschaft im allgemeinen. Wenn wir den Glauben an Gott ablehnen, lehnen wir gleichzeitig seine Existenz ab. An irgend etwas glauben wir trotzdem. Ist es da nicht viel besser, an Gott zu glauben, als an Menschen, äußere Umstände, Kultur, Materialismus? Gott wird uns nie im Stich lassen, Menschen dagegen immer, früher oder später; denn auch der beste Mensch ist immer nur Mensch. Aber es ist Gott, der uns über das tosende Meer unseres Lebens trägt.

Diejenigen, die im Sturm mit Jesus waren, begleiteten ihn auch auf friedlicher, sonniger Straße. Sie sahen einen unfruchtbaren Feigenbaum verwelken und hörten die Worte: »Wahrlich, ich sage euch: Wenn ihr Glauben habt und nicht zweifelt, so werdet ihr nicht allein solches mit dem Feigenbaum tun, sondern, wenn ihr zu diesem Berg sagen werdet: Hebe dich auf und wirf dich ins Meer!, so wird's geschehen. Und alles, was ihr bittet im Gebet, wenn ihr glaubet, werdet ihr's empfangen« (Matth. 21, 21–22).

Der Glaube sieht keine Unmöglichkeiten, er schaut auf Gott. Der Glaube weicht einer Selbstprüfung nicht aus; er bekennt Sünde und stellt sie unter die Reinigung und Vergebung Gottes. Erst danach kann unser ganzes Sein in Harmonie mit Gott stehen und die Antwort Gottes auf unsere Fragen erwarten und annehmen. Es gibt keinen rechtlichen Grund, der uns unserer inneren Kraftquelle berauben und durch alte Schuld und Angst unsere Aufmerksamkeit und Energie zersplittern könnte.

In Matthäus 9, 29 erklärt Jesus einem fragenden Menschen, daß nicht das, was Gott für uns tun kann, das wichtigste ist, sondern wie weit wir in Harmonie mit dem Geist Gottes leben: »Euch geschehe nach eurem Glauben!« Und in Markus 9, 23 lesen wir: »Alle Dinge sind möglich dem, der da glaubt.«

Was ist Glaube? Er ist das Ausstrecken unserer Hände, selbst in Dunkelheit und Furcht, und das Erkennen, daß Gottes Macht unveränderlich ist. Er ist kein bloßes Gefühl, beeinflußt durch Geschehnisse, Menschen, Gesundheit oder gar einen trüben Tag. Glauben heißt, sich mit allen Sinnen und Gedanken auf die Verheißungen Gottes verlassen; es bedeutet, alles auf eine Karte zu setzen: auf die Tatsache, daß Gott nicht lügt. Glauben ist das Ruhen in der Kraft Gottes, die wir um uns herum in der Schöpfung erkennen. Glauben heißt, erkennen, daß Gottes Güte zu uns nicht auf unserer Güte zu ihm beruht. Vor langer Zeit hat Gott schon dem Volk Israel gesagt: »Ich tue es nicht um euretwillen, ihr vom Hause Israel, sondern um meines heiligen Namens willen, den ihr entheiligt habt unter den Heiden, wohin ihr auch gekommen seid« (Hes. 36, 22). Glaube ist die felsenfeste Gewißheit, daß trotz all meines Unglaubens Gott fest zu seinem Wort steht: »Wer festen Herzens ist, dem bewahrst du Frieden; denn er verläßt sich auf dich. Darum verlaßt euch auf den Herrn immerdar; denn Gott, der Herr, ist ein Fels ewiglich« (Jes. 26, 3–4).

Verstehen Sie die Botschaft?

Es gibt eine sichere Quelle für den Glauben. In Römer 10, 17 wird sie uns gezeigt: »So kommt der Glaube aus der Predigt, das Predigen aber durch das Wort Gottes.« Gott teilt uns in der Bibel seine Gedanken mit; und wir teilen ihm unsere Gedanken, Nöte, Freuden und Ängste im Gebet mit. Durch diese Kommunikation lernen wir Gott kennen.

Wir brauchen dieses Gespräch mit Gott. Ganz am Anfang meines Weges mit Jesus öffnete ich einmal meine Bibel und fing an, im Johannesevangelium zu lesen. Ich merkte bald, daß ich nicht verstand, was ich da las. So betete ich: »Vater, ich weiß, das sind deine Gedanken, aber ich verstehe sie nicht. Sage mir bitte, was sie bedeuten.« Als ich noch einmal las: »Im Anfang war das Wort . . .«, verstand ich, warum Gott Jesus als »das Wort« bezeichnet. Worte sind unser Mittel zur Kommunikation, und Jesus ist das Mittel, mit dem Gott uns seine Liebe zeigt. Als ich das erkannt hatte, dankte ich Gott für das Verständnis seines Wortes und bat: »Zeige mir bitte, wie das mein Leben jetzt, in diesem Augenblick, beeinflussen soll. Wie kann ich diese Erkenntnis heute zu Hause anwenden?«

Mir kam der Gedanke: Ich soll meine Worte gebrauchen, um die

Liebe Gottes jedem mitzuteilen, mit dem ich in Kontakt komme. Meine Worte werden nur einen Wert besitzen, wenn mein Tun damit in Einklang steht. Ich nahm ein Notizbuch und schrieb die Gedanken auf, die Gott mir gegeben hatte.

Das war der Anfang meiner Gotteserkenntnis. Wir werden nie jemand wirklich kennenlernen, wenn wir nicht mit ihm reden. Wir müssen unser Leben dem anderen ehrlich öffnen und wirklich hören, was er uns mitteilen will. Genauso ist es mit Gott. Seit diesem Erlebnis habe ich auf viele Arten meine Bibel studiert, aber keine hat sich als reicheren Gewinn für mich erwiesen, als die einfache Methode, mich darauf zu verlassen, daß Gott mich seine Wahrheit lehren wird, und die gewonnene Erkenntnis für wertvoll genug zu achten, sie aufzuschreiben und in die Tat umzusetzen.

Nimmt diese Methode nicht sehr viel Zeit in Anspruch? Vielleicht, aber Zeit ist der kostbarste Schatz, den ich besitze, so muß ich lernen, sie weise zu investieren. Es gibt keinen besseren Gebrauch der Stunden und Minuten, als sie dafür zu benutzen, wofür Gott sie gegeben hat. Wenn ein Gedanke wert ist, gedacht zu werden, so ist er es auch wert, aufgeschrieben zu werden. Wenn Gott sich Zeit nimmt, mich persönlich zu lehren, so ist mir seine Lehre wertvoll genug, sie aufzuschreiben. Das hilft mir, mich besser daran zu erinnern, und klärt nebelhafte Gedanken. Falsche Eindrücke können leichter ausgelöscht werden, und der Zusammenhang mancher Schriftstellen wird deutlicher. Obwohl die Bibel seit langem der Weltbestseller ist, ist ihre praktische Kraft für das tägliche Leben erschreckend unbekannt geblieben. Wir können eine Menge Verse auswendig hersagen, aber wir machen uns keine Mühe, die Menschen und Ereignisse, die uns darin geschildert werden, kennenzulernen. Der Druck des Lebens kann zweierlei bewirken: Entweder wird er uns fester an Jesus pressen oder uns weiter von ihm wegtreiben. Wie fest kann ich mich an Jesus anlehnen, wie weit ihm vertrauen?

Alle Schätze, die wir uns nur wünschen können, liegen für uns bereit. Ein kleines, einprägsames Beispiel dafür erlebte kürzlich unsere Tochter Joy. Als sie zum Schulbeginn wieder nach Seattle fuhr, hatte sie ihre Bibel zu Hause vergessen. Sie bat uns in einem Brief, sie ihr zu schicken. Ehe Hal sie abschickte, steckte er 25 Ein-Dollar-Scheine zwischen die Seiten. Wenn die Bibel ungeöffnet geblieben wäre, hätte Joy nie gefunden, was ihr Vater für sie hineingesteckt hatte.

Lassen Sie Gott nicht warten!

Sehnen Sie sich heute nach der Gemeinschaft mit Jesus? Die Tür zu dem Gnadenthron steht weit offen. Bleiben Sie nicht draußen im Warteraum sitzen, während Gott Sie bittet, hereinzukommen, um von ihm gelehrt zu werden und um seine Liebe neu zu erfahren.

Oder haben Sie Angst, Gott nahezukommen, weil er sie dann prüfen könnte? Gott prüft uns nicht, um unsere Reaktion zu erfahren; die kennt er schon. Er prüft uns und richtet das volle Licht auf unsere falsche Haltung und unseren Kleinglauben, damit *wir* sie erkennen können und uns davon befreien lassen. Oft erkennen wir erst durch Prüfungen, wie stark wir sind, wenn Gottes Kraft in uns wohnt, und werden dadurch von der Angst vor möglichem Versagen befreit. »Darüber freuet euch, daß ihr jetzt eine kleine Zeit, wenn es sein soll, traurig seid in mancherlei Anfechtungen, auf daß euer Glaube rechtschaffen und viel köstlicher erfunden werde als das vergängliche Gold, das durchs Feuer bewährt wird, zu Lob, Preis und Ehre, wenn offenbart wird Jesus Christus« (1. Petr. 1, 6–7).

Vielleicht hat die körperliche Gegenwart Jesu Marias Glauben oft in einer Weise geprüft, wie wir das nie erfahren werden. Seit dem Anfang ihres Lebens mit Jesus hatte sie herrliche Höhen und dunkle Täler erlebt. Bestimmte Begebenheiten hoben sich von dem Hintergrund ihres Lebens ab wie ein Regenbogen vor dunklen Wolken. Zwischen den Augenblicken größter Herrlichkeit lag die ständige Notwendigkeit, im Glauben zu wandeln.

Marias Glaube sollte durch die kommenden Ereignisse noch viel mehr auf die Probe gestellt werden, aber durch jede Erfahrung würde sie reicher werden. Als das Kind heranwuchs, mußte ihr Leben immer mehr in den Hintergrund treten; denn dieser Herr in der Stadt Davids würde Menschen aus allen Nationen zu sich ziehen.

Vorbereitungen für eine Gipfelkonferenz

Als Jesus ungefähr ein Jahr alt war, hatte Maria den ersten Kontakt mit einer fremden Königsmacht. Tausend Jahre waren vergangen, seit jene Königin von Jemen oder Saba den König Salomo in Jerusalem besucht hatte. Durch ihn hatte sie das Volk der Hebräer und ihre Anbetung Gottes kennengelernt. Sie war gekommen, um die Schätze Salomos zu sehen, aber hatte den Reichtum seines Gottes gefunden.

Nun war östlich von Saba am Himmel ein merkwürdiges Phänomen zu beobachten: Ein Stern, den man nie vorher gesehen hatte, beherrschte das Firmament. Die Weisen erkannten die Bedeutung der Erscheinung. Sicher war es das Zeichen für die Ankunft des verheißenen Königs der Juden. Dieses Kind mußten sie unbedingt sehen, dessen Geburt durch eine so ungewöhnliche Konstellation der Sterne angezeigt worden war. In aller Eile trafen sie die Vorbereitungen für ihre Reise. Der Schein des Sterns würde sie leiten, und die Erinnerung daran ihnen Mut in der Dunkelheit geben.

Viele Monate später kamen sie in Jerusalem an. Sie fragten, wo sie den neugeborenen König finden könnten. Wie erstaunt müssen die Männer gewesen sein, als sie erkannten, daß diejenigen, die alle Möglichkeiten der Erkundung in dem Buch Gottes hatten und so nahe bei dem Geschehen lebten, sich so wenig darum kümmerten. Die den Zugang zur Wahrheit besaßen, hatten kein Interesse daran, sie für ihr Leben zu nutzen. Trotz der Aufregung, die diese ganz offensichtlich reichen Besucher ausgelöst hatten, und dem Aufruhr, den Herodes veranstaltete, machten sie keine Anstrengungen, um selbst den Heiland der Welt zu finden. Waren sie zufrieden mit ihrer Lieblingsphilosophie und ihrer Erkenntnis, mit ihrem Stolz auf ihre Geschichte und ihre Ämter, daß sie keinerlei Verlangen nach einer wirklichen Begegnung mit Gott hatten? Erstaunlich, daß ausgerechnet ein heidnischer König durch die Nachricht von der Ankunft so aufgerüttelt wurde und nach Jerusalem kam. Wo sucht man einen neugeborenen König? Natürlich im Palast des Königs! Herodes kannte die Verheißungen Gottes, er wußte, daß dem Volk ein Retter, ein König geboren werden sollte; und diesen unbekannten König sah er als große Gefahr für sich selbst. Deshalb hatte er schon vor langer Zeit seine Ratgeber befragt. Sie waren gut informiert;

Gott hatte sie nicht im Dunkeln gelassen. Sie wußten sogar die ungefähre Zeit und den Ort der Geburt dieses Retters.

Als Herodes die fremden Reisenden zu sich bat, zeigte er großes Interesse an den Tatsachen Gottes, aber den Gott dieser Tatsachen lehnte er ab. Er erkannte die Weisheit Gottes, die vor Hunderten von Jahren mit größter Genauigkeit die Geschehnisse vorausgesagt hatte, er sah die Macht Gottes, der den außergewöhnlichen Stern als Beweis genau zu dieser Zeit erscheinen ließ. Aber er stellte seine sich selbst angeeignete Macht und Autorität gegen Gott, um das Werk Gottes zu zerstören. Welcher Mensch kann so verblendet sein, sich etwas auszudenken, was den Plan Gottes vereiteln soll? Aber die Geschichte ist voller Beweise dafür, wie politische und religiöse Gruppen und einzelne Menschen genau das immer wieder versucht haben.

Nur wenige unter uns werden sich laut schreiend gegen den Plan Gottes in ihrem Leben auflehnen, aber wie leicht lassen wir uns von dem täglichen Ablauf unseres Daseins so gefangennehmen, daß uns kaum noch Zeit und Verlangen bleibt, um die Verbindung mit Gott zu pflegen.

Aber Gott ist Gott! Unser Unglaube ändert seine Handlungsweise mit uns, seine Befehle, Verheißungen und Ziele nicht. Ich mag hinter verhängten Fenstern sitzen und den Regen ablehnen und leugnen; wenn ich hinausgehe, werde ich von der Tatsache überzeugt. Unglaube verändert die Tatsachen nicht. Ganz gleich, was ein Mensch über Gott glaubt, das Weltgeschehen und das Leben jedes einzelnen Menschen bestätigen jeden Tag die Gültigkeit der Verheißungen und Voraussagen Gottes. Herodes sollte sehr bald erkennen, daß sein ganzer Widerstand und alle seine Bosheiten Gott nicht den Eintritt in seinen Palast verwehren konnten. Unser Herr kann alle Dinge, selbst die Bosheit der Menschen für seine Ziele nutzen. So mußten auch die Feinde Jesu dazu beitragen, daß die weisen Männer schließlich ihr Ziel erreichten; denn durch sie erlangten die Suchenden die zusätzliche Information, die sie brauchten.

Herodes hatte sie gebeten, ihm Bericht zu geben, wenn sie den neuen König gefunden hätten, damit er ihm auch huldigen könne. Aber wo sollten sie ihn finden? Sie hatten kostbare Geschenke vorbereitet und waren mehr als tausend Kilometer durch eine gefahrvolle Wüste gereist, um jetzt feststellen zu müssen, daß niemand etwas genaues über den König wußte, den sie suchten. Alle menschliche Weisheit war erschöpft. Sie befanden sich in einem fremden Land. Aber niemand irgendwo auf der Erde ist Gott fremd. Wir mögen im Dunkeln wandeln, aber bei Gott herrscht kein Dunkel. Noch ehe die Männer den Stern im Osten gesehen hatten, kannte Gott sie. Schon viele hundert Jahre vorher war dieses ganze Geschehen in Psalm 72, 10 vorausgesagt worden: »Die Könige von Tarsis und auf den Inseln sollen Geschenke bringen, die Könige aus Saba und Seba sollen Gaben senden.«

Neues Licht in dunkler Nacht

Als die Männer ihre Reise fortsetzten, gab Gott ihnen neue Weisung. Wenn sie das Objekt ihres Glaubens finden sollten, so brauchten sie exakte Führung. Sie waren deshalb erfreut, als sie den Stern wieder sahen, der sie von Anfang an geleitet hatte. »Als sie nun den König gehört hatten, zogen sie hin. Und siehe, der Stern, den sie im Morgenland gesehen hatten, ging vor ihnen hin, bis daß er kam und stand oben über, wo das Kindlein war. Da sie den Stern sahen, wurden sie hoch erfreut« (Matth. 2, 9–10). Als sie ihr Bestes getan hatten, sorgte Gott für den Rest.

Weihnachtskarten und heidnische Traditionen schildern drei weise Männer, die zu dem Stall kommen und ihre Geschenke präsentieren. Wir sollten uns aber ein ganz anderes Bild vorstellen. Zu dem Gefolge der reichen weisen Männer gehörte sicher eine große Zahl von Dienern. Drei staubige Reisende hätten nie eine solche Aufregung in Jerusalem verursacht, wie sie aus dem biblischen Bericht hervorgeht. Die Männer hätten auch kaum ihre kostbaren Schätze ohne Bewachung den von Räubern bedrohten Reisewegen ausgesetzt.

Monate waren seit der Geburt Jesu vergangen. Der Stall war wohl durch ein kleines Haus ersetzt worden. Welche Aufregung muß die Ankunft der Reisegesellschaft vor ihrem dürftigen Haus bei Joseph und Maria ausgelöst haben. Waren die Reisenden nach ihrem weiten Weg enttäuscht, als sie den, den sie suchten und der nicht einmal in dem Dorf, in dem er lebte, bekannt war, in einem so ärmlichen Haus fanden?

Niemand, der Jesus begegnete, ist von ihm enttäuscht worden. Dabei spielt es keine Rolle, wo man ihm begegnet ist. Kein Mensch ist zu reich oder zu arm, zu weise oder zu dumm, zu gut oder zu schlecht, um Jesus kennenzulernen.

Die Menschen, die hier gekommen waren, erlebten, daß ihre Reise die Sache wert gewesen war. Jede gefahrvolle Nacht, in der sie ihre Geschenke bewacht hatten, alle Unbequemlichkeiten des Weges, das jahrelange Warten, das Getrenntsein von ihren Familien und Freunden, alles das waren nur kleine Opfer. Die Schranken von Zeit und Entfernung wurden weggewischt, als sie Jesus von Angesicht zu Angesicht sahen. »Sie fielen nieder und beteten es an und taten ihre Schätze auf . . .« (Matth. 2, 11).

Wie sorgfältig waren diese Geschenke ausgewählt. Sie paßten genau zu dem Plan Gottes für das Kommen seines Sohnes. Mit Gold zahlte man im Osten einem geehrten König seinen Tribut. Interessant ist, daß die Besucher es nicht Herodes gaben; schließlich war er seit 35 Jahren König. Was sie für Jesus vorbereitet hatten, sollte mit keinem anderen geteilt werden. Gott hatte ja eine praktische Verwendung für diese Geschenke für Joseph und Maria. Die internationale Währung des Goldes sollte ihnen die Flucht nach Ägypten, die bald nach diesem Besuch erfolgen würde, ermöglichen. Gedenken wir einmal, von welcher Entfernung Gott die Mittel für diese Flucht herbeigeschafft hat!

Die Geschenke ehrten Jesus nicht nur als den König aller Könige, sondern auch als das göttliche Opfer. Weihrauch ist ein glitzerndes Harz, ein Produkt des arabischen Weihrauchbaums. Um das kostbare Erzeugnis zu gewinnen, wurde die Rinde des Baumes eingeschnitten und aus dem herauslaufenden Saft oder »Lebensblut« Weihrauch hergestellt, den man dann zum Räuchern im Tempel verwendete. Durch das Räuchern tötete man die Insekten, die die Vollkommenheit des Opfers zerstört hätten; gleichzeitig wurde der Tempel mit Wohlgeruch erfüllt.

Jesus, dem dieses Geschenk gebracht wurde, sollte sein Leben als Opfer für die Sünden der Welt geben. Es ist die Reinheit seines Lebens, die uns die Reinigung von der Unreinigkeit der Sünde bringt. Wie kostbar ist für uns der Geruch dieses Opfers.

Myrrhe war ein Bestandteil des heiligen Salböls. Es fand außerdem Anwendung als Parfüm und als Mittel zum Einbalsamieren. Wir können darin ein Bild für das Leben des Auserwählten Gottes sehen. Sein Leben war ein Wohlgeruch für den Vater, seine Erfahrungen als Mensch, seine Ablehnung und sein Tod bitter wie Myrrhe, und der Tod konnte ihn nicht verderben, sondern er ging als Sieger daraus hervor und lebt ewig.

»Er erniedrigte sich selbst und ward gehorsam bis zum Tode, ja zum Tode am Kreuz« (Phil. 2, 8). Vor seinem Kommen auf diese Erde lebte der Sohn in völligem Einklang mit dem Willen des Vaters. »Gott machte den, der von keiner Sünde wußte, für uns zur Sünde, auf daß wir würden in ihm die Gerechtigkeit, die vor Gott gilt« (2. Kor. 5, 21). Jesus kam, um unseren Platz auf dieser Erde einzunehmen, damit wir dadurch für immer seine Herrlichkeit mit ihm teilen können. Um unser Leben von jeder Sünde zu reinigen, müssen wir es ganz geben, so wie er uns in seinem Wort dazu anleitet. Dann kann er unser leeres Leben mit seiner Gegenwart erfüllen. Die weisen Männer gaben ihr Bestes, und sie empfingen das Beste vom Himmel. Ein wunderbarer Tausch!

Unser Leben ist nicht anders, als das Leben jener Männer, die vor Jahrhunderten mit großem Verlangen Jesus suchten; denn derselbe wunderbare Gott führt auch heute noch die Menschen, die zu Jesus kommen wollen. So wie sie niederfielen, ihn anbeteten und ihre Geschenke ausbreiteten, so können wir ihm das Geschenk unseres Lebens bringen. Wir mögen denken, daß wir nichts haben, um es Gott zu geben. Alle materiellen Opfer, die wir bringen können, haben keinerlei Wert, wenn wir nicht zuvor unser Leben gebracht haben.

Wir können das Gold unserer inneren Einstellung bringen, die ihn als einzige Macht und Direktive in unserem Leben anerkennt. Wenn wir Christus als Retter und Herrn erkennen, können wir gar nicht anders, als den Weihrauch unserer Lob- und Dankopfer darzubringen. Myrrhe als Ausstrahlung unserer Freude können wir ihm selbst in schwierigen Situationen bringen: Freude darüber, daß der Tod uns nicht mehr ängstigen kann, Freude, die durch nichts zerstört oder hinweggenommen werden kann.

Die Entdeckung einer neuen Straße nach Hause

Die weisen Männer nehmen eine große Freude mit auf ihre Heimreise. Ihre Pläne mußten sie allerdings ändern. Gott warnte sie vor dem Haß des Herodes gegenüber Jesus, so mußten sie für ihre Rückreise einen anderen Weg wählen. Nachdem sie Jesus gesehen hatten, war das in jeder Hinsicht ein »neuer Weg«. Ihre Unterhaltung drehte sich nicht mehr um die Hoffnung, die sie gehegt hatten, sondern war durchdrungen von der Kraft der Erfüllung dieser Hoffnung. Sie hatten eine einzigartige Geschichte zu erzählen, voll von der sicheren Gewißheit persönlicher Erfahrungen.

Unser Leben ist mit dem Leben jener Männer verbunden, wenn wir den gleichen Herrn kennengelernt haben; auch wir haben eine Geschichte zu erzählen und ein »neues Lied« (Offb. 14, 3) zu singen. Diebe und Räuber mögen in der Dunkelheit lauern, um unsere Schätze zu rauben, Jesus, der helle Morgenstern, leitet uns sicher.

Wir können voller Erwartung in das Lied der Engel auf Bethlehems Fluren einstimmen; denn Jesus will heute im Herzen der Menschen Wohnung nehmen, und er wird wiederkommen, und alle Menschen werden ihn sehen.

6 Wie man reich wird ohne Geld

Es ist einfach nicht fair! Warum sollen wir alles verlassen, was bisher unser Leben ausgemacht hat? Kalifornien ist unsere Heimat! Alle unsere Freunde leben hier! Unser kleiner Sohn ist hier geboren worden! Warum sollen wir alle Bindungen zerschneiden, die uns so viel bedeuten? Das ist schwer. Selbst wenn es zum Guten eines Menschen geschieht, den wir lieben.

Das ganze Leben besteht aus »Muß ich«- und »Darf ich«-Erfahrungen. Entscheidungen werden entweder zu unbedingten Notwendigkeiten, die man fürchtet und gegen die man sich auflehnt, oder zu aufregenden Erlebnissen, in die man sich kopfüber hineinstürzt. Lasten können uns zum Segen werden, aber Segnungen können auch zu Lasten werden, wenn wir unser Leben in einer »Muß ich«-Reaktion leben.

Der Brief, der uns von der Westküste nach Tennessee rief, berichtete von dem schlechten Gesundheitszustand von Hals Eltern. Die Anfälligkeit für Lungenentzündung und andere körperliche Probleme machten es dringend notwendig, aus dem feuchten Klima Tennessees in das sonnige Florida zu ziehen. Hals Verwandte lebten in Florida und Tennessee, sie konnten doch am besten dieser Notlage begegnen!

Aber es ist völlig unlogisch, daß andere tun sollen, was Gott für uns vorgesehen hat. Zu diesem Zeitpunkt wußte ich noch nicht, daß die Erfahrungen in Florida einen Wendepunkt in unserer Ehe bedeuten würden. Während der schwierigen Zeit dort entwickelte Hal eine größere Liebe und Wertschätzung für die Kinder und mich, und Gott konnte ihn vorbereiten für sein zukünftiges Leben im Glauben.

Während der folgenden Monate waren meine Tage voll ausgefüllt mit der Versorgung von Hals Mutter, unserem Baby und unserem achtjährigen Sohn. Als die Rechnungen für Arzt und Medizin anstiegen, nahm ich eine Nachtarbeit an, um Hals Einkommen zu ergänzen. Ich hatte immer weniger Zeit für die Kinder, aber Großmutters stetige Besserungen waren der Lohn dafür. Es war ein langsamer, schmerzvoller Prozeß, sie die Kontrolle über ihre Körperfunktionen und die Pflege ihres Körpers wieder zu lehren, denn die Krankheit hatte diese Fähigkeit zerstört. Aber schließlich kam die Zeit, wo beide Elternteile wieder selbst für sich sorgen konnten, und wir wendeten unsere Gedanken wieder nach Kalifornien.

Wir hatten nur ein kleines Problem. Nachdem alle Arztrechnungen bezahlt waren, blieben uns für die Rückreise von fast 5000 Kilometern ganze $ 28,65. Aber Gott hatte uns die Zusicherung gegeben, daß er uns zurückbringen werde zu dem Ort, den ich liebte und verlassen hatte.

Nie einen Tag zu spät oder einen Dollar zu wenig

Der geplante Tag unserer Abreise war da, aber es sah nicht so aus, als ob wir wirklich reisen würden. Die Kinder und ich saßen am Ufer des Sees, an dem wir wohnten. Wir aßen Thunfischbrote und ließen uns von der Sonne bescheinen. Plötzlich wurden wir aufgeschreckt durch das heftige Hupen eines Autos in unserer Einfahrt. Wir rannten vor das Haus und sahen Hal aus einem funkelnagelneuen Kombiwagen aussteigen.

Er schlang die Arme um mich und rief: »Liebling, dein Gott hat uns wieder einmal geholfen. Hier ist unser Transport nach Hause!« Dabei fuchtelte er mit einem Scheck vor meinen Augen herum. Ein Autohändler in Orlando hatte einen Wagen zu seinem Eigentümer in Los Angeles zu befördern. Wegen dem gerade herrschenden Streik schien es geraten, das Auto jemand anzuvertrauen, der es bis zum Zielort fahren würde. Und wir waren dieser Jemand. Auf diese Weise stand uns nicht nur der zusätzliche Platz eines Kombiwagens zur Verfügung, sondern auch noch ein ausreichender Betrag für die Reisekosten. Selbstverständlich würden wir mehr Geld brauchen, wenn wir dort ankamen, aber wie bei dem Gebrauch einer Taschenlampe auf einem dunklen Pfad, so mußten wir in dem vorhandenen Licht wandern, wenn wir auf dem weiteren Weg Licht empfangen wollten.

Wenn wir Gottes Führung teilhaftig werden wollen, so müssen wir an der Stelle sein, die er uns zeigt. Wir können nicht nach Hawaii gehen, wenn er uns nach Afrika schickt; denn was wir jeden Tag brauchen, wird in Afrika sein. Diese Wahrheit will Gott jeden Menschen lehren. Die Art und Weise wie er das tut, ist sehr unterschiedlich. Er ist ständig bemüht, uns die Krücken, mit denen wir uns auf Menschen, Umstände und Orte stützen, zu nehmen und gibt uns dafür seine guten Gaben als freies Geschenk seiner Liebe.

Auch Maria erlebte das. Als die weisen Männer sie verlassen hatten, schickte Gott sie auf die Reise in ein fremdes Land. Die Anweisungen, die Joseph für die nächste Phase ihres Lebens empfangen hatte, bargen Abenteuer, an die die beiden nie vorher gedacht hatten. Der Engel hatte gesagt: »Stehe auf und nimm das Kindlein und seine Mutter zu dir und flieh nach Ägypten und bleib allda, bis ich dirs sage; denn Herodes geht damit um, daß er das Kindlein suche, es umzubringen« (Matth. 2, 13).

Joseph erfuhr genau, was er tun sollte, warum er es tun sollte und wohin sie gehen sollten, bis sie weitere Anweisungen empfingen. Noch ehe der Tag im Osten dämmern würde, sollte er mit Maria und dem Kind Jesus unterwegs sein.

Dieser sofortige Aufbruch muß Marias Herz mit Traurigkeit erfüllt haben. In der Zurückgezogenheit des bethlehemitischen Stalles hatte Gott sie besucht, und die Hirten waren zur Anbetung gekommen. Später waren sie und Joseph nach Jerusalem gewandert, um das Kind im Tempel vor Gott zu bringen. Wie herrlich war der Tempel in Jerusalem mit seiner goldenen Kuppel, die in der Sonne glänzte. Die bekannte Gestalt des alten Simeon hatte sich durch das Innere des Tempels bewegt. Er war zu ihnen gekommen und hatte das Kind vorsichtig in den Armen gehalten. Dann hatte er ausgerufen: »Herr, nun lässest du deinen Diener in Frieden fahren, wie du gesagt hast; denn meine Augen haben deinen Heiland gesehen.« Er hatte von den kommenden großen Ereignissen im Leben Jesu gesprochen, und zu Maria hatte er gesagt: »Siehe, dieser wird gesetzt zum Fall und Aufstehen vieler in Israel und zu einem Zeichen, dem widersprochen wird – und auch durch deine Seele wird ein Schwert dringen –, auf daß vieler Herzen Gedanken offenbar werden« (Luk. 2, 29–35).

Nicht nur Simeon, auch die 84jährige Hanna war zu ihnen gekommen. Von ihren Lippen waren Worte des Lobpreises und der Dankbarkeit geflossen für die Güte Gottes, die sie seinen Sohn sehen ließ. Denn auch sie hatte den Heiligen Gottes in diesem Kind erkannt.

Die Orte dieser Begegnungen sollte Maria nun verlassen. Durch die Geschenke der weisen Männer waren sie dazu in der Lage.

Kopfüber in das Abenteuer

Wir sollen die Segnungen Gottes nicht vergessen, sie sollen als Sprungbrett des Glaubens für kommende Erlebnisse dienen. Unsere Sicherheit hängt allerdings nicht von vergangenen Erfahrungen oder der Erinnerung an die Güte Gottes für uns ab, auch nicht von den Orten, an denen wir diese glücklichen Erfahrungen gemacht haben. Gott hat sie uns in der Vergangenheit gegeben, und er ist fähig, uns in Zukunft mit noch viel größerem Segen zu überschütten.

Das Leben steht nie still. Wir gehen vorwärts und entwickeln größere Fähigkeiten, oder wir gehen rückwärts und verkümmern. Joseph und Maria gingen vorwärts. Aber warum nach Ägypten? Die Ägypter waren für ihre Grausamkeiten gegenüber den Hebräern bekannt. Schließlich hatte ihr Volk 400 Jahre Sklaverei dort erlebt, ehe Mose es befreit hatte.

Würden ihre Kinder im Götzendienst dieses Landes aufwachsen? Würden sie überhaupt eine sichere Wohnung finden können? Vielleicht in Heliopolis, dem biblischen On (1. Mose 46, 20), der Stadt, in der Joseph vor Hunderten von Jahren über Ägypten regiert hatte? Würden sie dort Menschen durch die Lehre Gottes beeinflussen können? Wenigstens war die ganze Sache für Gott keine Überraschung. Er hatte vor vielen hundert Jahren gesagt: »Aus Ägypten habe ich meinen Sohn gerufen« (Hos. 11, 1).

Vielleicht hatte Gott mit diesen Worten ein Miniaturportrait von dem Leben seines Sohnes gezeichnet. Wir wissen, daß Ägypten in der Schrift oft als Symbol für die Sklaverei der Sünde gebraucht wird. Jesus sollte in der sündigen Welt leben, aber nicht davon gefangengenommen werden, damit wir wissen können, daß auch für uns dasselbe Leben möglich ist. Eines Tages würde Gott ihn da herausrufen und ihn zu sich in sein angestammtes Vaterhaus nehmen, genauso wie er uns zu sich rufen wird. Und weder Land noch Menschen werden Gottes Plan ändern können.

Nichts ist so praktisch, als Gott zum Führer seines Lebens zu haben. Er schickte die weisen Männer mit ihrem Gold, um Joseph und Maria im fremden Land zu versorgen. Er ist auch heute Herr unserer Finanzen.

Der Wurm im Apfel

In Matthäus 13 deckt Jesus eine der Techniken Satans auf, mit denen er die Menschen dessen beraubt, was Gott ihnen zugedacht hat. Die Methode heißt: Sorgen dieser Welt und betrügerischer Reichtum. Wie leicht können Geld und andere Dinge, die Sicherheit anbieten, auch ein Kind Gottes gefangennehmen!

Eine der schlauesten Verführungen Satans ist die Angewohnheit, auf Kredit zu kaufen. Diese Methode beraubt uns der Freiheit, Gott zu erlauben, uns nach seinem Gutdünken zu geben. Es bedarf überhaupt keiner Anstrengung, Geld auszugeben, was wir nicht haben für Dinge, die wir nicht brauchen. Oft würden wir viel gesünder und glücklicher leben ohne die vielen Dinge, die wir erwerben. Während ein Farbfernseher in einem Haus von Nutzen sein kann, mag er in einem anderen die Ursache von Zwietracht und Konflikt darstellen. Welche Begriffe vom Leben bekommen die Kinder? Nehmen sie Vorstellungen auf, die niedriger sind als die Prinzipien Gottes? Sportwagen, Camper, Boote und andere Ausrüstungsgegenstände können eine interessante Welt öffnen, in der die Familie Freude und Erholung erlebt, sie können uns aber auch von unserer geistigen Verantwortung und der Gemeinschaft in der Familie abhalten.

Gott ist an der Erholung seiner Kinder interessiert, die Erneuerung von Vitalität und kreativer Energie bedeutet. Die Dinge, die Gott uns gibt, können zur Quelle der Freude und zum Anlaß dafür werden, anderen Menschen mitzuteilen, daß Gott in jeder Lebenslage für uns sorgt.

Aber oft besteht ein großer Unterschied zwischen dem, was er uns gibt und was wir uns selbst nehmen. Jetzt kaufen und später bezahlen, das scheint uns so logisch zu sein. Aber ich habe nie gerne Zahlungen für bereits verbrauchte oder aus der Mode gekommene Sachen geleistet. Eines Tages fanden wir heraus, daß wir genau das taten. Wir sahen uns oft diesen endlos scheinenden Bedürfnissen gegenüber: Kleidung für die Kinder, Möbel für unsere Wohnung, Weihnachtseinkäufe, ein neues Auto und viele andere Dinge, für die wir dann noch Zinsen und Bearbeitungsgebühren zahlen mußten. Das alles fraß unser Einkommen auf, wie ein immer leerer Müllschlucker jeden Abfall aufnimmt. Unsere Autos waren jeweils reif zur Verschrottung, noch ehe wir sie ganz bezahlt hatten. Wir fuhren in Ferien und bezahlten später dafür. Dabei hatten wir im tiefsten Inneren immer das Gefühl, anderer Leute Geld auszugeben. Dieses »gute Leben« kann einen erwürgen, wenn das Geld, das man verdient, nur noch an ein Kreditinstitut ausgezahlt wird. Selbst über die Sachen, die uns gehörten, konnten wir uns nicht mehr freuen.

Gott ist nicht arm! Und wir müssen nicht wie Bettler leben! Seine Versorgung ist erstklassig! Eines Tages fanden wir einen goldenen Schlüssel, der unser Leben reicher gemacht hat als jedes andere biblische Prinzip, mit Ausnahme der Anerkennung von Hals Autorität in unserer Familie. Wir fanden ihn in Römer 13, 8: »Seid niemand etwas schuldig, außer daß ihr euch untereinander liebt.« Wie oft hatte ich mich danach gesehnt, Menschen in Not praktische Liebe zu zeigen, was aber durch unsere Zahlungsverpflichtungen nie möglich gewesen war. Aber war dieser Grundsatz überhaupt durchführbar? Schuldete nicht jeder irgend jemand etwas? Würde das bei uns funktionieren?

An jenem Abend beteten wir etwa folgendermaßen: »Herr, wir möchten dir die unbegrenzte Vollmacht über unsere Finanzen geben. Wir haben große Probleme damit, und wir glauben, daß du sie lösen kannst. Wir werden nichts mehr auf Kredit kaufen (das war ein gefährliches Versprechen!), sondern wollen dich um alles bitten, was wir brauchen. Du hast verheißen, uns alles zu geben, wenn es gut ist für uns. Was nicht gut ist, wollen wir nicht haben. Wir danken dir, daß du uns auch in Zukunft erhalten und bewahren wirst.«

Von diesem Augenblick an begannen wir, alles zu verlieren, wichtige Dinge, wie Wohnung, Geschäft und Auto. Eigentlich hatten wir schon vorher angefangen, sie zu verlieren, aber jetzt häuften sich die Verluste. Trotzdem tätigten wir keinerlei Neuanschaffungen auf Kredit. Als Gott uns all unsere minderwertigen Dinge genommen hatte, fing er an, uns viel wertvollere dafür zu geben. In meinem Buch »Warum sinken, wenn du schwimmen kannst?« erwähnte ich das Geschenk eines Cadillac als Ersatz für einen Chevrolet. Aber das war nur eine kleine Sache, seitdem hat Gott uns mit Wohnungen, Möbeln, Autos und allen möglichen Bequemlichkeiten beschenkt, selbst in fernen Ländern. Er hat seine Aussage aus Psalm 37, 4 in unserem Leben unterstrichen: »Habe deine Lust am Herrn, der wird dir geben, was dein Herz wünscht.«

Jedes Leben hat einen bestimmten Sinn. Wenn Gott will, daß wir denen dienen sollen, die im Überfluß leben, so mag er es für gut ansehen, uns mit den Dingen zu versorgen, die uns Eingang in solche Kreise verschaffen können. Wenn er uns unter die schickt, die wenig haben, mag er uns durch ein sehr einfaches Leben führen, unbehindert durch all die Dinge, die man anhäufen kann. Aber die Entscheidung darüber gehört Gott, und zu seiner Ehre können wir auf jedem Weg leben.

Die Kinder, die in unseren Familien aufwachsen, werden sehr davon beeinflußt, wie wir unsere Finanzen handhaben. Fehlendes Geld an sich verursacht keine Sorgen, Ängste oder Depressionen; diese Zustände kommen zustande, wenn wir unsere Versorgung von der falschen Seite erwarten. Es ist von allergrößter Bedeutung, daß unsere Kinder uns heiter, zuversichtlich, im völligen Vertrauen auf Gott ruhend, erleben, ganz unabhängig davon, ob wir nun Geld auf der Bank haben oder von der Hand in den Mund leben. Sorgen wirken verheerend auf die empfindsamen Gemüter von Kindern. Ihr Leben wird dadurch zu einem fruchtbaren Boden für die niedrigsten Tendenzen in der Gesellschaft, wie Drogen, Hellsehen, Ehescheidungen, Rebellion und Verbrechertum. Wenn Kinder kein glückliches, zufriedenes Elternhaus erleben, fürchten sie sich später vor der Verantwortung des eigenen Heims und der eigenen Familie. Wir sollten gedenken, daß wir keinerlei Grund haben, ein sorgenvolles Dasein zu führen, denn wir dienen einem lebendigen Gott, der weiß, was wir brauchen.

Kürzlich fragte in einer Diskussionsgruppe ein Frau: »Ist es Sünde, Schulden zu machen, um unumgängliche Kosten zu zahlen, zum Beispiel Arztkosten und Apothekerrechnungen?« Als sie so fragte, fiel mir jener schwarze Novembertag ein: Ich kam nach Hause, als unser vierjähriger Mike blutüberströmt aus dem Haus gerannt kam. Ich fing ihn in meinen Armen auf, eilte mit ihm zu einem Nachbarn, und wir brachten ihn auf dem schnellsten Weg ins Krankenhaus.

Er hatte am Schlafzimmerfenster gestanden, als ihn der Schuß aus einem Luftgewehr ins Auge traf. Splitterndes Glas und Stücke des Fliegengitters hatten sein Gesicht zerschnitten, aber die eigentliche Gefahr zeigte sich erst später. Ein winzig kleiner Glassplitter, mit bloßem Auge nicht sichtbar, war in die Iris eingedrungen und wirkte verheerend.

Ich stand neben dem kleinen Kerlchen, als er ausgestreckt auf dem Operationstisch lag und die Ärzte beide Augen reinigten und verbanden. In völliger Dunkelheit eingeschlossen mit sich selbst, umklammerte er meine Hand. Ich sagte: »Mike, ich bin bei dir, und der Herr Jesus ist bei dir. Es wird alles gut werden. Hab keine Angst, Liebling. Wir werden gut für dich sorgen, und wir haben dich lieb.« Sein kleiner Körper entspannte sich, und bald war er eingeschlafen, noch ehe die Ärzte mit ihrer Arbeit fertig waren.

Gott unterschreibt unsere Schecks

Die nächsten Tage brachten eine vorübergehende Besserung, aber dann wurde klar, daß Mike in eine Klinik in Portland, Oregon, zu einer größeren Operation gebracht werden mußte. Dort wurde nach Tagen der Vorbereitung das verletzte Auge herausgenommen, der Glassplitter entfernt und dann das Auge wieder eingesetzt. Mike verbrachte zwei Wochen in dieser Klinik. Das war während einer Zeit, als das Geld nur langsam einging und wir keinerlei Rücklagen besaßen. Als Mike entlassen wurde, ging ich zur Krankenhausverwaltung, um einen Abzahlungsplan auszuhandeln. Man gab mir eine bereits quittierte Rechnung über einen Betrag von $ 2100,– (etwa 4800,– DM). Etwas erschrocken sagte ich: »Das ist ein Irrtum, ich kann das Geld nicht sofort bezahlen.« Die Dame an der Kasse lächelte: »Nein, das ist kein Irrtum. Die Rechnung ist bereits bezahlt.« Bis heute weiß ich nicht von wem, außer von meinem Herrn. Aber wir haben auch andere Zeiten erlebt, in denen wir große Arztrechnungen zu begleichen hatten, einschließlich der Kosten für eine Krebsoperation; und wir haben sie restlos bezahlt. Gott gibt uns keinen Blankoscheck, damit wir kostenfrei leben können. Aber er nimmt die für uns unmöglichen Probleme in seine Hand und löst sie, wie er es für gut befindet. Manchmal tut er das für uns und manchmal durch uns.

Ist es eine Sünde, Schulden zu machen, wenn es unbedingt notwendig ist? Gott verfolgt ein höheres Ziel mit unserem Leben als uns nur sündlos zu machen. Er möchte so viel Gutes in unser Leben hineingießen, wie er uns nur anvertrauen kann. Wenn ich etwas kaufen möchte, wozu ich das Geld nicht habe, so muß ich mich zuerst fragen, ob ich Gott eigentlich schon darum gebeten habe und ob ich ihm nicht vielleicht die Möglichkeit nehme, in ganz anderer Weise für mich zu sorgen.

Wir haben nie ein festes Einkommen gehabt. Wir mögen in einem Monat sehr viel haben und im nächsten wenig oder nichts. Aber es ist nie zu wenig, wenn unser himmlischer Vater die Kasse verwaltet. Wir haben keinen Grund, uns dem Lebensstandard anderer Menschen anzupassen oder uns Sorgen über Abzahlungen zu machen, wenn wir einmal kein Einkommen haben. Diese letzten Jahre, in denen wir ganz im Vertrauen auf Gott gelebt haben, waren eine große Freude. Das Wenige, was wir manchmal hatten, hat Gott so gesegnet, daß es ausreichend war.

Wenn wir Maria eine Woche vor Ankunft der weisen Männer hätten fragen können, woher sie das Geld für eine Reise nach Ägypten nehmen wolle, so hätte sie keine Antwort gewußt. Aber Gottes Schätze kamen genau zur richtigen Zeit. Woher sollte Joseph die Kenntnis vom richtigen Zeitpunkt einer sicheren Heimreise haben? Von demselben Gott natürlich! Woher sonst?

Eine neue Sicht eines alten Problems

Was geschieht mit Marias Kind? Wird es nicht einen bleibenden seelischen Schaden erleiden durch diesen frühen Umzug in ein fremdes Land? Psychische Erschütterungen durch derartige Veränderungen bestehen nur in unserer Einbildung. Es ist unsere Einstellung zu der Veränderung, die uns schädigt, nicht die Veränderung selbst.

Bei unseren vielen Umzügen quer durch die Vereinigten Staaten habe ich gelernt, daß es nur eine Sache gibt, auf die ich achten muß: auf meine Haltung zu den Umzügen und allen damit verbundenen Veränderungen.

Während einer Wartezeit am Flughafen beobachtete ich einmal zwei Mütter mit kleinen Kindern. Auf dem Tisch zwischen ihnen lag eine Zeitschrift. Eines der Kinder griff danach, und seine Mutter sagte: »Nein, faß das nicht an! Hörst du mich? Das ist nichts für dich!« Das Kind fing an zu schreien und wurde deswegen gescholten. Als das Schreien lauter wurde, war auch das Interesse des anderen Kindes an der Zeitschrift geweckt. Seine Mutter nahm es auf den Schoß und begann eine spannende Geschichte zu erzählen über das Flugzeug, das auf der Titelseite abgebildet war. Sie erzählte viele Einzelheiten über das Flugzeug und daß sie jetzt bald beide mit einem solchen Flugzeug fliegen würden, wie es da abgebildet sei. Zwei Mütter warten auf dem gleichen Flugplatz auf den Abflug derselben Maschine, mit Kindern etwa im gleichen Alter. Für das eine Kind ist es eine Tortur, für das andere eine Gelegenheit, neue Dinge zu lernen. Das eine Kind wälzt sich schreiend vor Enttäuschung und Unsicherheit auf dem Boden, während das andere voller Erwartung, geborgen in der Liebe der Mutter dasitzt.

Wir können unsere Kinder auf neue Erfahrungen und die Entdeckung neuer Gebiete vorbereiten. Wenn wir das Unbekannte fürchten, können wir uns Informationen kommen lassen und auf diese Weise interessante Einzelheiten erfahren. Das wird unsere Kinder in freudige Erwartung auf die neuen Erfahrungen versetzen.

Vor vier Jahren bereiteten wir uns auf einen Umzug nach Texas vor. Ich besuchte mit den Kindern einige Filme über Texas, die von historischem Wert waren, wir lasen ein paar Bücher über das Land, und wir waren bald alle in freudiger Erwartung. Dann wurde nichts aus dem Umzug. Nun war es viel schwerer, die Kinder davon zu überzeugen, daß wir auch da, wo wir waren, weiterhin glücklich leben konnten.

Manchmal empfangen wir in Zeiten der äußeren Ungewißheit Trost, wo wir ihn gar nicht erwarten. In einem Ort, in dem wir nur eine kurze Zeit lebten, hatten wir für die Kinder der Nachbarschaft einen Bibelklub gegründet. 35 Jungen und Mädchen, die keinerlei

Verbindung zu einer Kirche oder Sonntagschule hatten, kamen einmal in der Woche, um von Jesus zu hören. Als nun der Tag des letzten Klubtreffens da war, kamen die Kinder mit kleinen Abschiedsgeschenken: einer Rose, einem schönen Taschentuch, einem Zettel mit bunten Buchstaben beschrieben. Auf dem Zettel stand: Frau Miller, sie haben uns Jesus gebracht. Jetzt gehen sie weg, und wir werden nichts mehr über Jesus hören. Wir lieben Sie.

Nachdem alle gegangen waren und ich den Brief noch einmal las, war ich doch sehr traurig, und meine Tränen fielen auf den Zettel. Da kam unser zehnjähriger Mark und sagte: »Mama, wenn Gott uns hierher gebracht hat, kann er doch auch wieder jemand schicken, um die Kinder zu lehren. Ich glaube, wir sind wie Missionare, die von einem Ort zum anderen ziehen; nur werden wir nicht von einer Gemeinde bezahlt, sondern Gott läßt Vati für das Geld sorgen.« Das gab mir eine ganz neue Sicht über unser unstetes Leben, und ich habe diese Lehre nicht wieder vergessen.

Maria, wie lange wirst du in Ägypten bleiben? Wann wirst du wieder nach Hause kommen können? Erst, wenn keine Gefahr mehr droht. Nicht lange, nachdem auf den Befehl des Herodes hin alle Kinder unter zwei Jahren getötet worden waren, starb auch Herodes. Eine Krankheit, die große Schmerzen verursachte und die Gehirnzellen zerstörte, raffte ihn dahin. Seinen Nachkommen hinterließ er ein Vermächtnis von Grausamkeit, Falschheit und Verrat. Seine Enkel und Urenkel gingen in seinen Fußstapfen. Der Feind Jesu war tot, aber Jesus selbst lebte.

Als Herodes gestorben war, erschien der Bote Gottes wieder vor Joseph in Ägypten und sagte: »Stehe auf und nimm das Kindlein und seine Mutter zu dir und zieh hin in das Land Israel; sie sind gestorben, die dem Kind nach dem Leben standen« (Matth. 2, 20). Joseph und Maria konnten wieder nach Hause gehen. Eigentlich wäre es ganz natürlich gewesen, in den Geburtsort Jesu zurückzukehren. Aber Gott wies Joseph an, nach Nazareth zu ziehen, in die Heimat von Maria und möglicherweise auch von Joseph.

Seit der Engel zum erstenmal zu Maria gesprochen hatte, waren nun etwa vier Jahre vergangen. Maria und Joseph waren durch manche schwierige Situation geführt worden, sie hatten manche Entscheidungen treffen und manche Verletzungen überwinden müssen. Kritik und Ablehnung von Freunden und Verwandten, Geringschätzung und Rücksichtslosigkeit der Menschen in Bethlehem, eine Flucht in ein feindliches Land, um ihr Leben vor einem König zu retten. Da waren die Mitteilungen der Engel gewesen, die Anbetung der Hirten und der weisen Männer, Gold für ihre Reise und die Huldigung des geheiligten Dieners im Tempel. Der Tempel und der Stall hatten in ihrem Leben Bedeutung erlangt, aber sie schauten nicht wehmütig darauf zurück. Beides waren nur Meilensteine in ihrem Leben mit Gott gewesen, der sie nun in ihre Heimat zurückführte. Was würde sie dort erwarten?

7 Gott weiß, wie man Kinder erzieht

»Tante June, komm und sieh, was Gott jetzt getan hat!«, rief Kenny mir zu. In dem herrlichen Sonnenuntergang sah er Gott unmittelbar am Werk. Wie oft vergessen wir als Eltern, daß Gott in unserem Leben und dem Leben unserer Kinder am Werk ist. Gott ist nicht untätig, und er schweigt nicht, obwohl wir sein Tun nicht immer sehen und ihn nicht hören. Das Ergebnis seines Wirkens wird uns vieles sichtbar machen, was wir im Augenblick nicht sehen können.

Ein großer Teil von Marias Leben wird als die »stillen Jahre« bezeichnet; aber Gott war während dieser Zeit nicht in Ferien, und für Maria waren sie bestimmt keine stillen Jahre. Während uns die Bibel nur wenige Bilder zeigt, erkennen wir aus den Geschichtsquellen vieles, was sich in jenen Jahren zugetragen hat.

Eines der wesentlichsten Ereignisse, das uns die Bibel berichtet, ist die Schilderung im zweiten Kapitel des Lukasevangeliums. Dort finden wir die zwei wichtigsten Grundsätze des Eltern-Kind-Verhältnisses:

1. Die Verantwortung der Eltern und die Entlassung des Kindes in die Eigenständigkeit.

2. Der Respekt und die Untertänigkeit des Kindes unter die Führung der Eltern.

Nach diesen zwei Grundsätzen handelt der himmlische Vater mit uns, seinen Kindern. Genauso müssen die Kinder in unseren Familien heranwachsen. Wir sorgen für sie, aber allmählich müssen wir sie als selbständige Glieder der Familie Gottes in die Eigenverantwortlichkeit entlassen.

Für Joseph und Maria war die Reise nach Jerusalem eine freudige Angelegenheit. Sie erfreuten sich unterwegs der Gemeinschaft mit alten Freunden und Verwandten, die sie vielleicht nicht oft sahen. Jesus und die anderen Kinder werden am flackernden Lagerfeuer die hebräischen Lieder gesungen haben. Das Passahlamm wurde gegessen, und die Geschichte von der Befreiung aus der ägyptischen Sklaverei aufs neue erzählt. Die herrlichen Tage waren nur zu schnell zu Ende gegangen. Der Glanz der Stadt Jerusalem verblaßte allmählich, als jeder sich wieder auf dem Weg nach Hause befand.

Als man die Zelte für die Nacht aufschlug, erkannte man mit Schrecken, daß Jesus nicht unter den Mitreisenden war. Auf dem schnellsten Weg kehrten Joseph und Maria nach Jerusalem zurück, wo sie drei Tage lang vergeblich in der Stadt herumsuchten. In ihrer Verzweiflung wandten sie sich schließlich zum Tempel, vielleicht um zu beten und Hilfe zu erlangen.

Als sie in die Halle traten, blieben sie vor Erstaunen wie angewurzelt stehen. Dort saß Jesus von einer großen Gruppe von Männern des Synedrions umgeben. Die Gruppe befand sich in höchster Erregung; die bestgelehrten Männer des ganzen Volkes hörten angespannt auf jedes Wort, was ein schlanker Zwölfjähriger ihnen erzählte. Welche seltene Klugheit erlebten sie da? Wie konnte jemand ohne Schulbildung in so jungen Jahren so viel Wissen besitzen? Von wem hatte er diese erstaunliche Mischung von befehlender Autorität und bescheidener Demut? Er beantwortete nicht nur Fragen, sondern befragte auch seinerseits seine Zuhörer.

Er zeigte ihnen die elementare Wahrheit, daß diejenigen, die empfangen, auch geben müssen, und daß ein Lehrer zuerst ein Lernender sein muß. Ungenutzte Erkenntnis vergeht; und es stimmt sehr wohl, wenn man sagt, daß Eindrücke, denen man keinen Ausdruck verleiht, zu Depression und Rückschritt führen. Geistige Geizhälse, die ihre Erkenntnisse verstecken und für sich behalten, damit andere sich nicht daran erfreuen können, werden sich bald in einer dunklen Welt befinden, in der ihr Verstand verkümmert, statt zu wachsen.

Maria kam in dieser Situation allerdings nicht als Lernende, sondern als beunruhigte Mutter, die mit ihrem Kind zu reden hatte. Ihre Frage läßt den Schmerz einer Mutter erkennen, die sich von ihrem geliebten heranwachsenden Kind zurückgesetzt fühlte. »Mein Sohn, warum hast du uns das getan? Siehe, dein Vater und ich haben dich mit Schmerzen gesucht« (Luk. 2, 48).

In der Anspannung des täglichen Lebens ist es so leicht, die wunderbaren Verheißungen Gottes aus dem Auge zu verlieren. Maria wußte, daß Jesus der Sohn Gottes, nicht der Sohn von Joseph war. Sie war von Gott sorgfältig darauf vorbereitet worden, daß seine Verantwortung eine weltweite sein würde. Schon seit vor seiner Geburt wußte sie, daß er zu einem ganz bestimmten Zweck auf diese Erde gekommen war, nämlich als Heiland und Retter der Welt. Obwohl sie nicht wußte, wann und wie er sein Werk vollbringen sollte, hatte sie doch erkannt, daß sie als Mutter dem Einen, dem Gott eine solche Bestimmung gegeben hatte, nur in heiligem Vertrauen begegnen konnte.

Maria hatte ein Kind für Gott zu erziehen, und alle Mütter tragen die gleiche Verantwortung. Wir teilen ihre Vorrechte und Schwierigkeiten. Obwohl Maria wußte, daß ihr Sohn Gott in menschlicher Gestalt war, so wußte sie doch auch, was es heißt, ein hilfloses, völlig abhängiges Baby im Arm zu haben.

Wenn ein Kind geboren ist, verläuft sein Leben zunächst in totaler Abhängigkeit. Es hat keine Möglichkeit, sich selber am Leben zu erhalten, seine Nahrung muß ihm zugeführt werden. Von der Geburt bis zum Tod sind wir voneinander abhängig, in wechselnder Stärke und unter wechselnden Umständen. Dieses körperliche Verhältnis ist ein Bild unserer geistlichen Entwicklung. Nachdem wir durch den Glauben an Jesus Christus in die Familie Gottes hineingeboren worden sind, müssen wir »als neugeborene Kinder die lautere Milch des Wortes Gottes zu uns nehmen, damit wir durch dieselbe zunehmen zu unserem Heil« (1. Petr. 2, 2). Unser Vater, wie weise Eltern das tun, gibt uns seine Anweisungen und läßt uns eine sorgfältige Erziehung angedeihen. Wir sollen natürlich nicht immer unmündige Kinder bleiben; durch die Aufnahme der geistlichen Nahrung, der Milch des Wortes Gottes und dem Brot des Lebens, sollen wir wachsen und zunehmen.

Unser Vater gibt uns Raum, damit wir uns entwickeln können. Unsere Schritte sind nicht immer sehr fest; wenn wir stolpern, hilft er uns mit Liebe und Freundlichkeit auf und stellt uns wieder auf die Füße. Wenn die Straße sehr rauh wird, nimmt er uns in seine Arme. Wir sehen zwar oft die Wellen sich hoch türmen, aber wir sind in ihm geborgen und werden nicht hinweggespült, wir können sozusagen auf den Wellen reiten. Gott gibt uns die Freiheit, die Flügel unseres Glaubens auszuprobieren, damit wir die Schwächen feststellen können, die wir noch haben. Fallen wir dabei hin, so hebt er uns in großer Geduld wieder auf. So sorgt er unermüdlich für uns, bis wir endlich das Ziel erreichen werden.

Kinder werden nicht mit Wissen geboren. Alles, was ein Kind jemals wissen wird, muß es lernen. Das dümmste Schlagwort, das ich je von Eltern gehört habe, ist der weitverbreitete Standpunkt: Ich will die Entwicklung meiner Kinder nicht beeinflussen. Die ganze Welt arbeitet unentwegt daran, unsere Kinder zu beeinflussen, und wir sind dafür verantwortlich, sie zum Glauben und für Gott zu beeinflussen.

Es ist ein großes Unterschied zwischen Beeinflussung und Beherrschung, die die Persönlichkeit des Menschen zerstört. So wie wir unsere Kinder lehren, Karotten zu essen und ihre Zähne zu putzen, so müssen wir sie auch das Wort Gottes lehren, damit es sie im Leben leiten kann. Kinder wachsen heute in Enttäuschung und Versagen auf, weil man die Garantie Gottes für einen Erfolg vergessen hat. In Josua 1, 8 lesen wir: »Laß das Buch dieses Gesetzes nicht von deinem Munde kommen, sondern betrachte es Tag und Nacht, daß du hältst und tust in allen Dingen nach dem, was darin geschrieben steht. Dann wird es dir auf deinen Wegen gelingen, und du wirst es recht ausrichten.«

Millionen sind schon ausgegeben worden für Kurse, die irgendeinen Erfolg versprechen. Viele, die solche Kurse anbieten, sind strafrechtlich verfolgt worden wegen betrügerischer Darstellungen. Nur die Bibel kann eine unbedingte Garantie für Erfolg bieten.

Schulen versuchen, junge Menschen auf ein erfolgreiches Leben vorzubereiten, ohne ihnen moralische Grundsätze mitzugeben. Durch diese Unterlassung wird die Unmoral zum Standard. Auf der Suche nach einem festen Halt unter ihren Füßen zappelt sich die Jugend in dem Sumpf von relativen Werten ab. Die Folge davon ist, daß die jungen Menschen in einem Alter, in dem die Vorbereitung zum Erwachsenendasein fast abgeschlossen sein sollte, die Gruppe mit der höchsten Selbstmordrate stellen.

In den Morast der von Menschen geschaffenen Unsicherheit reicht Gott den jungen Menschen, die in seinem Wort gelehrt werden, seine starke Hand. In Jesaja 49, 25 verheißt er: »Ich selbst will deinen Gegnern entgegentreten und deinen Söhnen helfen.« Und in Kapitel 54, 13 finden wir eine andere wunderbare Verheißung: »Alle deine Kinder werden vom Herrn gelehrt werden, und der Friede deiner Kinder wird groß sein.«

In den Worten des Bundes, den Gott einst mit seinem Volk geschlossen hatte, finden wir auch heute Ermutigung und Hilfe: »Mein Geist, der auf dir ruht, und meine Worte, die ich in deinen Mund gelegt habe, sollen von deinem Mund nicht weichen noch von dem Mund deiner Kinder und Kindeskinder« (Jes. 59, 21). Vielleicht der uns bekannteste Vers über Kindererziehung steht in Sprüche 22, 6: »Erziehe einen Knaben in seinem (Gottes) Weg, so läßt er auch nicht davon, wenn er alt wird.« Ein Kind mag diesen Weg verlassen, aber früher oder später wird es den Wert der frühen Unterrichtung erkennen.

Ein großer Unterschied besteht allerdings zwischen erzählen und erziehen. Letzteres hat mit Ausbildung, Unterricht und Disziplin zu tun. Unterrichten heißt sowohl Wissen vermitteln, als auch Anleitung zu geben zur Entwicklung von Fähigkeiten und Charakter. Die Disziplin hält das alles zusammen, gibt Verhaltensregeln, bringt unter Kontrolle und schult vor allem Verstand und Charakter durch Widerstände und Erfahrungen. Erziehung macht auch manchmal Züchtigung und Strafe notwendig.

Kein Lexikon kann das Wort Erziehung so klar definieren, wie es das Handeln Gottes mit seinen Kindern tut. Uns ist geboten, unsere Kinder in den Wegen Gottes zu erziehen und dann geduldig auf das Resultat zu warten, so wie unser himmlischer Vater voller Geduld und Langmut an unserer Vollendung arbeitet. Und die Geduld unseres Vaters ist wirklich unvorstellbar; das müssen wir in Demut und Dankbarkeit erkennen, wenn wir an unsere vielen Fehler und Schwächen denken.

Maria hatte als Mutter viele Dinge zu lernen. Und als sie fragte: »Warum hast du uns das getan?«, erinnerte Jesus sie respektvoll daran, wer er war und wer sie war. Jesus wußte zu allen Zeiten, wer er war – der Sohn Gottes und der Heiland der Welt – in dieser Reihenfolge. Er war eine Person mit einer Identität, keine Nummer in einem Computersystem. Sein Ziel, die Rettung der Welt, die Wiederherstellung der Gemeinschaft zwischen Gott und den Menschen hatte keinen Vorrang vor dem, was er war. Vielmehr stammte sein Ziel, der Grund seines Kommens aus seiner Gottessohnschaft.

Vom bloßen Überleben zur Identität

Seit dem Zweiten Weltkrieg unterliegt unsere Kultur einer schnelleren Veränderung, als das je vorher in der Weltgeschichte geschehen ist. Eltern verfolgen mit Angst und Staunen die sich verändernden Einstellungen und Wertsysteme ihrer Kinder. Nur wenn wir verstehen, was da vor sich geht, können wir wirklich mit unseren Kindern reden. Auch wir selbst verlassen Grundsätze, die einmal Gültigkeit für uns besaßen.

Die moralischen und ethischen Werte von gestern können wir nicht zurückholen, es sei denn, eine weltweite ernste Krise würde eintreten. Solange wir nicht sehen, daß wir unbedingt sofort etwas unternehmen müssen, um unsere grundsätzlichen Bedürfnisse (Nahrung, Wohnung und Kleidung) zu sichern, werden wir uns nicht ändern. Profit ist seit langem das stärkste natürliche Motiv des Menschen für sein Tun. Unter der Jugend und auch bei manchen älteren Erwachsenen bricht allmählich die Erkenntnis auf, daß diese Profitgier sinnlos ist; denn wir haben genug, um unsere notwendigen Bedürfnisse zu erfüllen. Die Angst, die Vorräte für diese notwendigen Güter des Lebens könnten zu Ende gehen, mag eine Änderung in unserer Lebenshaltung bewirken.

Frühere Kulturen konzentrierten sich auf die Anerkennung der Einzelpersönlichkeit und ihren Wert für die Familie oder den Stamm und nicht auf das, was sie tun konnte. Es war mehr das Sein als das Tun, was ausschlaggebend war. Das Tun resultierte aus dem Sein und war zweitrangig. Dieses Konzept erleben wir heute noch bei manchen Indianerstämmen. Es ist auch kennzeichnend für die Hebräer, die ihre Kinder lehrten, wer sie waren – die Söhne ihrer Väter. Sie hielten eine starke Familientradition aufrecht, und sie besaßen ein starkes Zugehörigkeitsgefühl zur Familie, das nicht auf materiellen Besitz gegründet war. Was sie zum Leben erwarben, kam dem Familienverband oder der Sippe zugute und war kein Mittel zur Güteranhäufung eines einzelnen.

Indianerkinder haben oft große Schwierigkeiten, sich an den Wettstreit in unserem Schulsystem zu gewöhnen. Warum müssen sie jemand umwerfen und den Ball gewinnen? Sollte nicht jeder einmal an die Reihe kommen?

Vor dem Zweiten Weltkrieg besaßen die meisten Menschen in Amerika nur das, was sie zum Leben brauchten. Die Unsicherheit ließ sie um einen Vorteil gegenüber dem Nachbarn kämpfen. Der Einfluß der Nachkriegszeit, mit zwei Einkommen in vielen Familien, setzte die Kinder dem Beginn einer neuen Kultur aus. Das Ziel war nicht mehr der Erwerb von Gütern, um zu überleben. Da war Nahrung, Kleidung, Obdach – das Notwendige – plus Luxus. Zwei Wagen in jeder Garage, wenn nicht gar drei; man könnte eine lange Liste anhängen. Warum sollten sich die Kinder Gedanken machen um einen Beruf? Warum bis in die Nacht hinein lernen? Nur um sich dem Konkurrenzkampf ihrer Eltern anzuschließen? Es gab nichts mehr, wofür sich die Anstrengung lohnen würde.

Finanzielle Unsicherheit? Der Kampf ums Leben? Das war nicht ihr Kampf, sie hatten alles, was sie brauchten. Vernünftige Beweggründe gab es keine; denn alle vernünftigen Ziele waren schon erreicht. In ihrem körperlichen Unbeteiligtsein am Leben begannen sie zu fragen, ob die Gesellschaft sie überhaupt brauche. Sie begannen nach dem Sinn ihres Lebens zu fragen.

Mit wem konnten sie sich identifizieren? Ihre Eltern lebten in einer anderen Welt – einer Welt, die um den Kampf ums Dasein aufgebaut war, den sie in ihrer Jugend gekämpft hatten. In dieser Welt fanden sie keinen Platz.

Sie malten Bilder, schrieben Worte, die gesungen wurden, arbeiteten mit Ton, Leder und Schnüren, um etwas von sich selbst zum Ausdruck zu bringen, etwas, das nur ihnen gehörte. Nicht für Geld, sondern um ihre Identität zu finden, einen Weg, auf dem sie sich selbst als Person erklären konnten.

Ich bin jemand, aber wer braucht mich?

Nicht alle jungen Menschen waren erfolgreich auf der Suche nach einem positiven Selbstbildnis. Die Anspannung beider Elternteile im Beruf ließ wenig Zeit zur Gemeinschaft in der Familie. Die finanzielle Sicherheit zerstörte oft die Sicherheit der Gefühle, der Selbstachtung und des Zusammengehörens. Die leeren Stunden und die fehlende Motivation trieben viele junge Menschen in die Irre, sie waren falsch orientiert. Sie kamen zu dem Schluß: Mich braucht niemand, ich bin überflüssig, ich bin ein Niemand. Das sind diejenigen, die ausbrachen aus der Kulturrevolution und sich in Drogen, Alkohol und Selbstmord flüchteten.

Andere rebellierten gegen die Gesellschaft, von der sie meinten, sie habe ihnen ihre Identität geraubt. Sie forderten neue Gesetze, neue Anerkennung. Sie schrien mit vereinten Stimmen: »Wir sind wer! Ihr müßt uns hören!«

Wir leben in einer beweglichen Welt, wo sich der Mensch nicht mehr als Teil der Gemeinschaft sieht. Kümmert sich der Nachbar um mich? Kümmere ich mich um ihn? Wie viele Menschen gibt es in unserem Block, die sich dafür interessieren, wie es mir geht? Unsere Jugend braucht Nachbarn, die an ihr interessiert sind, zu denen sie hingehen kann, mit denen sie reden kann, mit denen sie sich identifizieren kann.

Die älteren Menschen, die früher Zeit hatten für die Jugend, denen sie ihr Herz ausschütten, ihre kleinen und großen Nöte offenbaren konnte, werden abgeschoben in Altersheime. Daraus haben die Kinder die Ansicht gewonnen: Die Großeltern sind eine Last, sie passen nicht in unser Leben. Das zarte Verhältnis von einst, daß der Enkel der Großmutter über die Straße half und sie seinen Lieblingskuchen backte und ihm zuhörte, ist in unserer Bequemlichkeit und Selbstsucht untergegangen. Der junge Mensch reagiert gegen die Alten, weil er ihrer beraubt wurde. Man läßt die Alten nur mit Menschen ihres eigenen Alters zusammenleben und isoliert sie von der übrigen Welt. In ihrer Umgebung werden sie nur an den Tod erinnert – die Nachbarn von gestern sind nicht mehr da. Ihre Welt schrumpft ständig, selten hören sie ein Lachen. Die Jugend hat die Weisheit des Alters verloren, und die Alten haben die Frische und den Schwung der Jugend verloren; sie sind voneinander ausgeschlossen. Und eines Tages wird die Jugend zu den Alten zählen.

Die betäubte Gesellschaft

Nach dem Wohlstand hat wohl das Fernsehen am meisten zur Veränderung unserer Gesellschaft beigetragen. Es ist erschreckend, wieviel Zeit zugebracht wird, um das Dargebotene in sich aufzunehmen. Man sieht so viele Verbrechen, daß die Fähigkeit, sich dagegen zu wenden, betäubt und schließlich gelähmt wird. Ein Mädchen schreit, und niemand antwortet. Eine Frau wird angegriffen, und niemand kommt zu Hilfe. Wir sind daran gewöhnt, diese Dinge zu sehen ohne die Notwendigkeit, eingreifen zu müssen, daß wir völlig gelähmt sind, wenn die Wirklichkeit uns begegnet. Wir sind unfähig geworden, selbst zu denken und zu entscheiden.

Selbst der Gebrauch unseres Geldes wird weitgehend durch die Werbung bestimmt. Die Zeit und selbst unsere Persönlichkeit kommt unter die suggestive Leitung der Vorbilder, die das Fernsehen in unser Haus bringt. Haben diese selbstgewählten Vorbilder Gott aus unserem Leben verdrängt? Auf wen hören wir am meisten?

Maria hatte gegen dieselben Zeitdiebe zu kämpfen wir wir heute, nur trugen sie damals andere Kleider. Sie konnte durchaus so beschäftigt sein, daß sie den ganzen Tag über keine Zeit fand, mit Jesus zu reden. Welche unnötigen Sorgen machte sie sich, als sie feststellte, daß Jesus sich nicht bei der Reisegesellschaft befand. Aber die Erkenntnis ihres Verlustes brachte sie zu dem Punkt zurück, wo sie, ohne es zu wissen, den Kontakt mit ihm verloren hatte.

Es hat Zeiten in meinem Leben gegeben, in denen ich den Frieden und die Freude der Gegenwart Jesu verloren hatte und ich mich nach seiner Berührung sehnte. Durch Menschen und Umstände hat Gott mir in solchen Lagen gezeigt, was zu dem Verlust geführt hat, ob ich unfreundlich gewesen war, ein Kind ungerecht behandelt oder eine Verantwortung vernachlässigt hatte. Mit Freundlichkeit und Liebe hat er mich dann zurückgeführt, damit ich Versäumtes nachholen konnte; dann kehrten der Friede und die Freude zurück. Aber wenn ich mich abwende von Jesus, nur für eine kurze Zeit, wird mein Glaube wankend und der Weg beschwerlich. Deshalb hüte ich mich davor, mit der Reisegesellschaft weiterzuziehen, während Jesus im Tempel auf mich wartet.

Die Entdeckung eines sinnvollen Lebens

So wie Jesus die Fragen des Hohen Rats beantwortete, so gibt er auch mir heute Antwort. Den Männern im Tempel stellte er prüfende Fragen, und auch uns stellt er heute solche, damit wir erkennen können, wer wir sind, wo wir uns befinden und wo wir uns vielleicht von ihm getrennt haben. Der Tempel unseres Körpers kann zum Zentrum seiner Tätigkeit werden, und die Menschen, die es sehen, werden von der Weisheit Gottes angezogen, dem wir gehören.

Als Maria Jesus fragte, erinnerte er sie freundlich daran, daß er sie nicht verlassen hatte, sondern sie ihn. Sie waren zusammen zum Tempel gekommen, aber Maria und Joseph waren hinweggegangen in der Annahme, daß Jesus sich bei der übrigen Reisegesellschaft befinde. Es ist so leicht, ihn aus den Augen zu verlieren in der Menschenmenge, und manchmal bringen uns erst die Schatten des Abends unseren Verlust zum Bewußtsein.

Aber als sie Jesus suchten, fanden sie ihn! »Warum habt ihr mich gesucht?« fragte er sie. »Wisset ihr nicht, daß ich sein muß in dem, das meines Vaters ist?« (Luk. 2, 49). Maria hatte Jesus bei den Freunden vermutet, und falls sie ihm aufgetragen hätte, sich bei ihnen aufzuhalten, wäre er auch bestimmt dort gewesen. Wie leicht geben wir einem Kind die Schuld für unser Unbehagen, während das Problem durch unsere unterlassene Information entstand.

Der Sinn des Lehrens ist, Information mitzuteilen, Anweisungen zu geben und notfalls Disziplin anzuwenden. Wie oft können wir beobachten, daß scheinbarer Ungehorsam auf ungenügende Planung und Leitung zurückzuführen ist. Wenn Kinder respektvoll und gehorsam sein sollen, so müssen einfache und klare Instruktionen vorausgehen. Ich ertappte mich einmal dabei, wie ich eine Reihe von Befehlen erteilte, die sich etwa folgendermaßen anhörten: »Leere bitte den Mülleimer aus, bring die Zeitung mit, dreh das Licht bitte wieder aus und schließ die Türe ab! Vergiß aber nicht, die Katze hinauszulassen!« Ich bezweifle, daß ich alles behalten und ausgeführt hätte. Wieviel besser ist es, einem Kind einen Auftrag zu geben, und wenn es ihn ausgeführt hat, ihm die nächste Verantwortung zu zeigen. Ich bin froh, daß mein himmlischer Vater mir keine so verworrenen Anweisungen gibt, sondern mir klar sagt, was ich als nächstes tun soll.

Gott hat den Eltern die Führung ihrer Kinder anvertraut. Die Harmonie in einer christlichen Familie hängt viel mehr von der respektvollen Anerkennung dieser Rolle ab, als von der Persönlichkeit, die die leitende Funktion ausübt, denn jede Persönlichkeit hat Fehler, die zerstörend wirken.

Unsere nach der Psychologie ausgerichtete Gesellschaft sieht in der Persönlichkeit der Eltern den Grund für das Fehlverhalten der heutigen jungen Menschen. Man sagt, weil die Eltern keine idealen Eltern sind, reagiert die Jugend so, wie wir es heute sehen. Die Verantwortung, die beide Seiten, die Kinder sowohl wie die Eltern, für ihr eigenes Tun und ihre eigene Haltung tragen, wird von vielen weitgehend übersehen.

Jeder von uns reagiert bewußt oder unbewußt auf Erfahrungen aus der Kindheit. Ich denke oft an meine kleine irische Mutter, die immer behauptete, sie sei 1,68 m groß, obwohl sie sich in Wirklichkeit auf die Zehen stellen mußte, um die Länge von 1,60 m zu erreichen. Sie lebte in einer einzigartigen Mischung von Angst und Einsamkeit. Als der Arzt ihr ihre winzige Tochter in den Arm legte, versicherte er ihr, daß das Kind nie laufen lernen würde. Von acht früher geborenen Kinder waren fünf in den ersten Lebensjahren gestorben, und zwei, denen niemand eine Lebenschance gegeben hatte, waren unter ihrer aufopfernden Pflege entgegen allen Erwartungen herangewachsen.

Auch in der neuerlichen Krise siegte ihre Zielstrebigkeit über die Angst. In zahllosen Stunden umwickelte sie meinen Fuß mit dampfenden Tüchern, um ihn anschließend zu massieren. Allmählich streckte sich mein Fuß, der ganz nach innen gebogen war, so weit, daß ich laufen und spielen konnte; aber wenn ich mich entspannte, drehten sich meine Zehen immer noch nach innen. Während meiner Kinderjahre hörte ich die ständige Ermahnung, die oft durch Stockschläge unterstützt wurde, eine korrekte Haltung anzunehmen. Die Worte meiner Mutter: »Steh gerade!« hörte ich noch im Schlaf. Als Ergebnis dieser Behandlung besitze ich heute gerade und starke Fußgelenke. Ich ducke mich nicht, wenn ich einen Stock sehe, und ich lasse auch meine Wohnung nicht verdrecken. Ich danke Gott für eine Mutter, die den Mut hatte, meine Gewohnheiten mit Härte zu bekämpfen. Um Stärke zu entwickeln, ist Disziplin notwendig. Und dieser Weg läßt sich nicht abkürzen. Ich bin sicher, daß meine

Mutter den heutigen psychologischen Ansprüchen nicht genügen würde. Sie hat nicht viele Worte gemacht. Ich kann mich nicht erinnern, je von ihr gehört zu haben: Ich liebe dich. Während meiner Grundschuljahre waren mir nur wenige Aktivitäten außerhalb des Hauses erlaubt. Jeden Samstagmittag von eins bis zwei Uhr durfte ich entweder mit den Töchtern unseres Hausarztes oder den Kindern des Schulleiters spielen. Hatten die etwas anderes geplant, mußte ich bis zum nächsten Samstag warten.

Unnötig zu betonen, daß ich oft sehr einsam war. Ich kann mich sehr gut daran erinnern, daß ich mir einmal in meiner Einsamkeit eine Beerdigung wünschte. Ich wünschte niemand den Tod, nur eine Beerdigung. In der Nachbarschaft war jemand gestorben, und ich hatte gesehen, wie Freunde in das Haus gegangen waren und Blumen und Essen gebracht hatten. Ich dachte, es müsse doch herrlich sein, wenn so viele Freunde einen besuchen. Und die einzige Möglichkeit dazu sah ich in demselben Erlebnis, das diese Nachbarn gehabt hatten.

Vom Trauma zum Triumph

Ich bin davon überzeugt, daß Gott alle diese Geschehnisse benutzte, um mich auf das spätere Leben vorzubereiten. Aus der tiefen Einsamkeit wuchs meine Liebe zu den Menschen. Nicht als Mittel, um meine eigenen Nöte zu stillen, sondern als Band des Verstehens für das Verlangen, das andere haben, und als Wunsch, von Gott gebraucht zu werden, um ihnen zu helfen. Mein Interesse an Dingen, die anderen wichtig sind, ist so stark, daß es mich befähigte, sehr oft in meinem Leben achtzehn und zwanzig Stunden am Tag zu arbeiten. Die Freude, die Gott mir durch die wunderbare Freundschaft mit vielen Frauen schenkt, hat ihre Motivation in ihrem Stellenwert in der Sehnsucht meiner Kindertage. Vielleicht ist sogar die Fähigkeit, meinem Glauben Ausdruck zu verleihen und meine Erfahrungen mitteilen zu können aus dem Erkennen der Not meiner lieben Mutter gewachsen. Sie nahm ihre Verantwortung mir gegenüber wahr, so gut sie es vermochte.

Es gibt keine Elternpaare, die Gott nicht benutzen kann, um durch sie wunderbare junge Menschen zu formen. Aber es ist notwendig, daß die Jugend erkennt, was Gott gerade durch die Schwierigkeiten für sie tut. Sie muß lernen, ihr Leben vom Standpunkt Gottes aus zu betrachten.

Ich arbeitete als Jugendleiterin in einer Gemeinde, als einmal ein sechzehnjähriges Mädchen in Tränen aufgelöst zu mir kam. Sie hatte drei Monate vorher Christus als ihren persönlichen Erretter angenommen und war nun als Helferin im biblischen Unterricht eines Kinderheims tätig. Die Kinder liebten Debbie, denn sie war begeistert von ihrer Arbeit, und sie besaß gute Fähigkeiten zur Menschenführung. Aber jetzt klagte sie mir: »Meine Eltern sind keine Christen, und sie verstehen mich nicht. Seit ich zu Christus gekommen bin, sind sie gegen mich eingestellt. Jetzt wollen sie mir sogar verbieten, zu den Versammlungen der Christen zu gehen. Ich habe mich entschlossen von zu Hause wegzuziehen; ich kann ihr Anschreien nicht mehr ertragen!«

Ich fragte Debbie, wie sie sich ihr weiteres Leben vorstelle. Sie antwortete: »Ich möchte nur glücklich sein, und ich will niemand haben, der mir ständig sagt, was ich tun soll!«

Junge Menschen treffen oft Entscheidungen, ohne sich über die Konsequenzen klarzuwerden. Ihre Entscheidungen basieren mehr auf wechselnden Gefühlen als auf Tatsachen und nüchternen Überlegungen. Debbie hatte sich nicht überlegt, was geschehen würde, wenn sie von zu Hause wegging; sie wollte nur den Schwierigkeiten im Elternhaus entfliehen.

Wenn sie sich genau überlegt hätte, was sie eigentlich wollte in ihrem Leben, wäre ihre Entscheidung eine andere gewesen. Sie wollte Gott dienen, sie wollte die Freude erleben, anderen von Christus zu erzählen und die Anerkennung ihrer Gefährten genießen. Sie wollte Gemeinschaft haben mit Menschen, die ihren Glauben teilten. Vor allem wollte sie frei sein von der Verantwortung gegenüber ihren Eltern.

Das Elternhaus verlassen, würde bedeuten, daß nichts von allem, was sie sich wünschte, in Erfüllung gehen würde. »Gehorsam ist besser als Opfer« (1. Sam. 15, 22). Diese Regel für das Verhältnis der Kinder zu ihren Eltern wird in der Bibel oft ausgesprochen, so zum Beispiel in Kolosser 3, 20: »Ihr Kinder seid gehorsam den Eltern in allen Dingen; denn das ist dem Herrn gefällig.«

Die Verheißungen eines erfolgreichen Lebens in 2. Mose 20, 12, in 5. Mose 6, 1–2 und in Epheser 6, 2 gründet sich auf respektvollen Gehorsam gegenüber den Eltern. In der Anspannung der Rebellion gegen die Autorität, die Gott schützend über die Kinder gestellt hat, liegt der Grund für viele geistige, seelische und körperliche Krankheiten. Körperliche und nervliche Zusammenbrüche sind Folgen von Störungen in dem chemischen Gleichgewicht unseres Körpers, die oft durch Ablehnung, Schuld und Furcht ausgelöst werden. Gottes Gebote sind ein Segen für Körper, Seele und Geist. Ihr Befolgen resultiert in einem verlängerten Leben, frei von emotionellem Aufruhr, der ein glückliches Leben verhindert. »Die Furcht des Herrn mehrt die Tage; aber die Jahre der Gottlosen werden verkürzt« (Spr. 10, 27).

Ein Kind oder junger Mensch kann nicht Gott dienen und gleichzeitig gegen seine Eltern rebellieren; denn damit macht er sich selbst zur Autorität und erhebt sich über das Gebot Gottes. Freude und Frieden aber kommen nicht aus dem Ungehorsam. Bald wird der innere Konflikt zutage treten und selbst das Verhältnis zu Gleichaltrigen zerstören, es sei denn, sie leben dasselbe unglückliche Leben von Auflehnung und Rebellion. Von jedem guten und positiven Einfluß abgeschnitten, führt kein Weg aufwärts zu Gott.

Debbie hatte sich nicht überlegt, von was sie leben wollte. Eine Freundin hatte ihr angeboten, eine Zeitlang bei ihr zu wohnen. Aber Debbie war es nicht klar geworden, daß das eben nur eine Zeitlang ging, dann mußte sie für sich selbst sorgen. Entsprechende Arbeitsplätze sind rar. Um überleben zu können, lassen junge Menschen sich dann oft ausbeuten durch Drogen und Sex. Das ist ein sehr hoher Preis für die Freiheit von Konflikten im Elternhaus. Und die Aufsicht des Jugendamtes ist ein schlechter Tausch gegen die elterliche Aufsicht. Von Freiheit ist da keine Spur mehr, die Zukunft ist ungewiß, und die Fähigkeiten für Beruf und Ehe werden zerstört.

Debbie war einverstanden damit, erst einmal die Lösung des Problems zu versuchen, indem sie herausfand, warum ihre Eltern sie anschrien. Als ich dann mit ihr zusammen mit den Eltern redete, stellte sich heraus, daß es nicht Gott oder die Gemeinde war, die ihre Eltern ablehnten, sondern Debbies Gewohnheit, sich vor jeglicher Hilfe in der Küche zu drücken und ihr Zimmer in wilder Unordnung zu hinterlassen. Die Eltern versuchten nur, Debbie ihre Verantwortung zu zeigen und sie zu einem verläßlichen Menschen zu erziehen – alles Dinge, die in vollkommener Harmonie mit dem Willen Gottes stehen und außerdem die Grundlage für eine spätere funktionierende Ehe bilden. Der Dienst für Gott kann keine Entschuldigung für vernachlässigte Verantwortung gegenüber der Familie sein, sondern das Wahrnehmen dieser Verantwortung ist Gottesdienst.

Debbie lernte schließlich, unter die Oberfläche zu schauen, das Anliegen ihrer Eltern zu verstehen und die Verantwortung des Konflikts zu tragen. Wer sich so sehr unverstanden fühlt, zeigt meist wenig Verständnis für andere. Wenn wir das Zusammenleben in der Familie vom Standpunkt des anderen aus zu sehen beginnen, wird unser eigenes Leben dadurch bereichert, wir selbst werden reifer.

Schließlich öffneten Debbies Gehorsam und veränderte Haltung ihren Eltern die Tür zu Gott. Beide wurden gläubige Christen und arbeiteten bald begeistert in dem Jugendprogramm der Gemeinde mit. Sie konnten vielen jungen Leuten in ähnlichen Problemen helfen.

Gehorsam ist ein vergessener Schlüssel zu den Schätzen des Himmels. Wie sich ein Kind unter der Leitung der Eltern entwickelt, so auch der Christ unter der Führung seines himmlischen Vaters.

Nicht die Persönlichkeit der Eltern, nicht wie sie sprechen, sich kleiden, essen oder trinken ist der entscheidende Faktor, sondern nur die Tatsache, daß sie Werkzeuge Gottes sind, die er benutzt, um Charakterstärke und innere Schönheit in den Kindern zu entwikkeln. Durch die Eltern sorgt Gott für die Kinder. Wissen und Fähigkeiten der Eltern sind nicht ausschlaggebend für die Entwicklung der Kinder. Wie ein Töpfer die Scheibe benutzt, um herrliche Gefäße zu formen, so kann Gott selbst die Fehler und Unkenntnis anderer benutzen, um Ecken und Kanten an uns abzuschleifen und schwache Stellen zu stärken.

Joseph und Maria, die Gott als die elterliche Autorität für Jesus ausersehen hatte, waren in ihrer Haltung und ihrem Tun weit von der Vollkommenheit entfernt, aber die Persönlichkeit Jesu hat darunter nicht gelitten. Als Kind ist er das Vorbild für alle Kinder geworden, denn wir lesen von ihm: »Er ging mit ihnen hinab und kam nach

Nazareth und war ihnen untertan ... Und nahm zu an Weisheit, Alter und Gnade bei Gott und den Menschen« (Luk. 2, 51–52).

Maria vergaß nicht, was an jenem Tag im Tempel geschehen war; sie behielt alle diese Dinge in ihrem Herzen. Was war alles geschehen in diesen Stunden der Trennung? Welchen Reichtum der Erkenntnis hatte sie verpaßt?

Können Sie ein Geheimnis bewahren?

Wir können nicht alle Erfahrungen unserer Lieben teilen. Selbst ein kleines Kind, wenn es anfängt seine eigenen Entdeckungen zu machen, behält seine Erlebnisse oft eine Weile für sich. Diese kleinen Kostbarkeiten, von denen nur es selbst weiß, sind absolut notwendig.

Ich habe unsere Kinder oft heimlich beim Spielen beobachtet, wenn sie vielleicht ein Handtuch in einen Mantel für einen Supermann verwandelt haben, der den Hilflosen beistehen konnte. Ich habe Vogelnester gefunden, verwelkte Blumen, ein zerknittertes Blatt, das der kleine Junge von nebenan unserer kleinen Tochter geschenkt hatte, ein Tagebuch – Aufzeichnungen des Lebens, des eigenen und anderer. Eines Tages sind unser Kinder keine Kinder mehr. Dann es es notwendig, Entdeckungen von Schmerz und Freude, Liebe und Haß, Furcht und Glauben, Schwierigkeiten und Gelegenheiten mit ihnen zu teilen.

Die Fähigkeit zur Mitteilung dieser Erfahrungen wird weitgehend von der Freiheit in Kindertagen abhängen, die ihnen ermöglichte, Schätze zu entdecken und sie für sich zu behalten, bis sie von sich aus bereit waren, ihr Geheimnis anderen zu zeigen. Das Vertrauen der Eltern, das den Kindern kleine Abenteuer erlaubt und ihnen sogar gestattet, sie zuerst einem Freund mitzuteilen, wird reich belohnt werden. Wenn ein Fünfjähriger sich einem Fünfjährigen anvertrauen darf, gewinnt er auch Vertrauen, die Eltern an der Erregung des Abenteuers teilnehmen zu lassen.

Wenn ein Kind jederzeit »alles« erzählen muß, raubt man ihm alles eigene, das ihm kostbar erscheint. Gott zwingt uns nicht, zu ihm zu kommen, sondern zieht uns mit Liebe und wartet geduldig auf unsere Antwort. Kinder, die gezwungen werden, jedes kleinste Erlebnis den Eltern mitzuteilen, finden es später oft sehr schwer, sich Gott hinzugeben. Wird er ihnen auch ihre innersten Gedanken wegnehmen?

Unser Leben ist wie ein Fluß, der in einer unterirdischen Quelle seinen Anfang nimmt, und dessen Wasser in endlosen Kaskaden von einem Berg herabstürzen. Jeder Mensch muß das Leben für sich selbst entdecken und die reichen Ablagerungen der Erfahrungen daraus behalten, während das Wasser weiterfließt und den dürren Herzensboden vieler Menschen tränkt. So wie der Fluß weiterfließt, sich mit anderen Flüssen verbindet und in einem breiten Strom ins Meer mündet, so fließt das Leben, tiefer und reicher gemacht durch die Erfahrungen der Vergangenheit.

Unsere Kinder von der natürlichen Geburt zur Wiedergeburt zu führen, von der Unmündigkeit zur Reife, ist ein fortwährender Prozeß des Verzichts und der Hingabe in die Hand Gottes. Eine Mutter erzählte mir einmal, daß sie an keinem Morgen versäumt habe, mit jedem ihrer Kinder zu beten, ehe sie zur Schule oder zum Spiel gingen. Sie sagte: »Jedes Kind wußte, daß Gott mit ihm zur Schule ging und mit ihm nach Hause kommen würde.« Welche Sicherheit in einer unsicheren Welt, vor allem dann, wenn die Eltern einmal nicht mehr da sind. Aber auch für Kinder, die ohne diese Sicherheit aufgewachsen sind, ist es nicht zu spät, sich Gott anzuvertrauen. Die Eltern mögen nicht mehr da sein, um zu hören. Aber Gott ist da – er hört!

Freiheit basiert auf Verantwortung. Wir können unseren Kindern nur Freiheiten zugestehen, wenn sie bereit sind, Verantwortung zu tragen. Sie werden bereit sein dazu, wenn sie sehen, daß wir unsere Verantwortung vor Gott ernst nehmen.

Die Freiheit des inneren Wachstums ist die Grundlage zur Fähigkeit, richtige Entscheidungen zu treffen. Kinder dürfen nicht nur die ständige elterliche Aufsicht spüren, sie müssen auch tragende Liebe und Vertrauen erfahren. Junge Menschen brauchen glückliche, vertrauende Mütter, deren Gedanken nicht ständig von Mißtrauen umwölkt sind. Sorgende Eltern sollten wissen, wo ihre heranwachsenden Kinder ihre Zeit verbringen; sie sollten fähig sein, zu führen und ihre Kinder in der Wahl ihrer Freundschaften und Aktivitäten zu beraten. Es ist ein großer Unterschied, ob Kinder und junge Menschen betend Gott anvertraut werden, oder ob man sie einfach auf die Welt losläßt.

Gott kann unsere Lieben, die wir ihm anvertraut haben, auch durch Fehler und dunkle Zeiten hindurchleiten und sein Ziel in ihrem Leben erreichen. Aber wir dürfen uns nicht dazwischendrängen, sondern müssen mit Geduld auf die Ernte warten. Werden unsere Lieben nicht, so wie wir, von demselben Meister gelehrt, der einst dort im Tempel lehrte? »Er wird uns seine Wege lehren, und wir werden auf seinen Pfaden wandeln« (Jes. 2, 3).

8 Besser – nicht bitter

»Ich verstehe kein Wort von dem, was Sie da reden«, antwortete Joan verwundert. Daraufhin wiederholte der frühe Anrufer seine ganze obszöne Litanei.

Verwirrt fragte Joan: »Woher haben Sie meine Telefonnummer?« Die männliche Stimme entgegnete: »Aus dem Telefonbuch natürlich! Woher sonst?«

Jetzt hatte Joan ihre Gedanken wieder beisammen; in echtem Mitleiden antwortete sie: »O Sie Ärmster! Sie müssen ja schrecklich einsam sein, wenn Sie jemandem, den Sie nie gesehen haben, solche Dinge erzählen. Ich bin eine alte Frau, und Sie erzählen mir so etwas. Sie scheinen wirklich einen Freund zu brauchen, wenn Sie so verzweifelt nach einer Unterhaltung mit jemand suchen.« Nach einer kleinen Pause fuhr sie fort: »Aber keine Sorge, ich kann Ihnen helfen!«

Sie nahm ihre Bibel und las von dem Freund vor, der immer bereit ist zu lieben, der uns näher sein kann als ein Bruder, der Sünden vergibt und sie auslöscht, der neues Leben, Liebe und Frieden all denen schenkt, die ihn darum bitten. Dann sagte sie dem Fremden: »Ich werde jetzt für Sie beten.« Und sie betete für ihn, daß seiner inneren Not abgeholfen werden möge. Nach dem Gebet fragte sie: »Haben Sie meine Telefonnummer noch? Ich möchte, daß Sie sie behalten, damit Sie mich wieder anrufen können, wenn Sie mit jemand reden möchten; ich werde dann wieder für Sie beten.«

Joan hatte erkannt, daß kein Mensch so roh, so gefühllos und so bar jeden Anstands sein kann, der nicht in verzweifelten Schwierigkeiten steckt und jede Selbstachtung verloren hat. Kein Mann, der ein persönliches Wertbewußtsein besitzt, der sich als Person respektiert, kann eine Frau, die er noch nie gesehen hat, so anreden. Und auf diese Not ging Joan ein, als sie den unglücklichen Mann mit der einzigen Person in Verbindung brachte, die dieser Not abhelfen kann – Jesus Christus. Er tut das durch die Menschen, die in ihrer eigenen Not seine Hilfe erlebt haben. Beleidigungen können zur Freude werden, verwundete Herzen werden geheilt, Tragödien verwandeln sich in Triumph, wenn Gottesmenschen hinter die Geschehnisse schauen, die an der Oberfläche sichtbar werden, und die tiefen Nöte der Menschen erkennen, die sich selbst verwunden und keine Hoffnung haben.

Nachdem mir Joan ihr Morgenerlebnis geschildert und dann gebeten hatte, daß wir mit ihr zusammen für diesen Mann beten sollten, mußte ich denken: Wie wunderbar wäre es, wenn ich in jeder Lage meinen Kindern, meinem Mann, Freunden und Bekannten in dieser Haltung begegnen könnte, statt das, was sie sagen oder tun, persönlich zu nehmen.

Ich erinnere mich, wie weh es mir tat, als eines unserer Kinder anfing, mir kritisch gegenüberzutreten. Meine erste Reaktion war gewesen, ihm zu zeigen, wie unfair und ungerecht es urteile. Aber das löste das Problem nicht. Der Konflikt wurde größer, und ich erkannte bald, daß ich Gefahr lief, dieses Kind zu verlieren.

Eines Tages, als ich in dieser Angelegenheit betete, legte Gott mir den Gedanken nahe: Verteidige dich doch nicht selbst; höre einmal zu, was das Kind wirklich sagt! Aber die Wahrheit war, daß ich das gar nicht hören wollte. Konnte es sein, daß mein heranwachsender Sohn eine Not in mir sah, die ich selber nicht erkannte? Aber wenn ich sie erkennen würde, müßte ich mich ändern, und das wollte ich nicht.

Es gibt viele bequeme Entschuldigungen, um solcher Veränderung aus dem Weg zu gehen. Eine davon ist: Niemand ist vollkommen, und ich wahrscheinlich auch nicht. Aber das sind schwache Krücken, auf die wir uns da lehnen; sie hindern außerdem unsere Selbstdisziplin und unser Wachstum. Sie berauben uns der Möglichkeit, unser Leben vom Standpunkt der anderen aus zu sehen; das müssen wir aber tun, wenn wir Christus ähnlicher werden sollen. »Christus schalt nicht wider, als er gescholten ward, er drohte nicht, als er litt, er stellte es aber dem anheim, der da recht richtet« (1. Petr. 2, 23).

Was war in meinem gegenwärtigen Fall wichtiger, mich selbst zu verteidigen oder die herzliche Verbindung zu meinem Kind wiederzuerlangen, deren wir uns vorher erfreut hatten? Der Preis könnte einmal sehr hoch sein, wenn ich mich weigerte, aus den Konflikten zu lernen. Möglicherweise stand der Verlust einer Lebensverbindung auf dem Spiel – zu einem Menschen, den ich liebte und der mich brauchte und von dem ich wußte, daß er auch mich liebte und ich ihn brauchte. Vor allem, wie konnte ich je erwarten, daß meine Kinder offen blieben für Korrektur, wenn ich nicht offen dafür war? Bestimmt konnte Gott mich fähig machen, ihre Kritik anzunehmen, damit ich mich mit den Augen der jungen Menschen sehen konnte, die Gott gebrauchte, um mich zu formen.

Bald machte ich eine erstaunliche Entdeckung: Mein Kind hatte recht gehabt. Ich hatte oft ein irritierendes Wesen an mir, vor allem war ich ungeduldig. Aber Geduld wächst nicht auf Bäumen. Was konnte ich tun?

Zunächst bat ich um Vergebung und nahm die Hilfe meines Kindes für künftige Probleme an. Nachdem die verteidigende Haltung aus dem Weg geräumt war, stellte ich fest, daß nicht nur meinen Schwierigkeiten abgeholfen wurde, sondern daß auch mein Kind Probleme hatte, die jetzt durch mich gelöst wurden. Die Lebensstraße wird in beiden Richtungen befahren, sie ist keine Einbahnstraße.

Aber die menschliche Natur ist mit einem Panzer der Selbstverteidigung umgeben. Am empfindlichsten sind die Menschen, die von sich selbst und von anderen viel erwarten. Wenn sie feststellen, daß sie nicht erreichen können, was sie sich vorgenommen haben, sind oft Schuldgefühle und Versagen das Resultat. In dem Bestreben, ihr Versagen der betreffenden Person gegenüber nicht zuzugeben, greifen sie oft zu vernichtender Kritik. Das lindert den Schmerz der eigenen eingebildeten oder tatsächlichen Niederlage und schützt vor zukünftigen Fehlern und der Notwendigkeit der eigenen Veränderung. Die anderen sind ja schließlich auch nicht vollkommen.

Welche Erlösung war es, für mein Kind und mich, festzustellen, daß wir einander nicht verloren hatten, sondern daß wir beide in dem Prozeß des Lernens standen und daß die Fehler der Vergangenheit die Gelegenheiten für Wachstum und Entwicklung sind.

Maria machte dieselben Erfahrungen mit ihrem Sohn. Sie, die ihn geboren hatte, die ihn geführt hatte bei seinen ersten Schritten, die seine ersten Worte gehört hatte, mußte bald zurücktreten in den Hintergrund seines Lebens.

Nichts Neues unter der Sonne

Marias Familie hatte vieles erlebt in den Jahren nach ihrem Besuch im Tempel. Manche Geschichtsschreiber berichten, daß nach der Geburt von vier Söhnen und fünf Töchtern Joseph gestorben und Jesus damit die Verantwortung für die Versorgung der großen Familie zugefallen sei und er als Zimmermann gearbeitet habe. Falls es so gewesen ist, hat Jesus das ganze Spektrum des Familienlebens erfahren.

Er war nicht verheiratet, aber er hat die finanziellen Nöte einer großen Familie und die tägliche Aufreibung von harter Arbeit kennengelernt. Er hat als ältester Sohn die Verantwortung des Vaters als Priester der Familie und geistlicher Berater getragen.

Als Kind war er durch die Notwendigkeit der Unterordnung unter die elterliche Führung gegangen, und nun als Mann sah er die Autorität der korrupten, unfähigen politischen Führer, die ihn ergrimmen ließ. Aber ungeachtet der Person, brachte er dem Amt, das sie innehatten, Achtung entgegen als der von Gott gegebenen Autorität. Er lebte in vollkommenem Gehorsam gegenüber dem Gesetz der Gottheit (von der er ein Teil war), das Tausende von Jahren vor seiner Geburt gegeben worden war. Kein Wunder, daß wir von ihm lesen: »... der versucht ist allenthalben gleichwie wir, doch ohne Sünde« (Hebr. 4, 15).

Welch große Sicherheit liegt in dem Wissen, daß »keine denn menschliche Versuchung uns betroffen hat. Aber Gott ist treu, der uns nicht läßt versuchen über unser Vermögen, sondern macht, daß die Versuchung so ein Ende gewinnt, daß wir's ertragen können« (1. Kor. 10, 13). Das ist kein dunkler Fluchtweg, sondern der helle, breite Eingang in das eigentliche Leben, jetzt und in Ewigkeit durch Jesus Christus, der gesagt hat: »Ich bin der Weg« (Joh. 14, 6). Der Eine, der seine Tauglichkeit in den Konflikten des täglichen menschlichen Lebens bewiesen hat, versichert uns, daß er auch heute in unserem Leben Macht hat.

Unsere Gelegenheiten sind viel größer als Marias; denn sie konnte nur einen kleinen Teil des göttlichen Plans erkennen. Wir dagegen haben den ganzen Plan fertig ausgeführt vor uns liegen, und wir können ihn jederzeit studieren. Tun wir das täglich? Seine Worte sind in der Bibel aufgezeichnet, damit wir die Bedeutung von Golgatha und die Herrlichkeit der Auferstehung erkennen können. Diese Geschehnisse waren für Maria das quälende Unbekannte. Sie mußte das Entsetzliche eines gekreuzigten Sohnes erleben, wir dagegen erleben die Freude eines in uns wohnenden Heilands. Sie mußte durch die Not der Trennung und des leeren Hauses gehen, wir wissen von der ewigen Heimat, in der es keine Trennung mehr geben wird. Dort hat Christus uns die Wohnung bereitet, und wir werden bei ihm sein alle Zeit.

Diese Wohnung ist ein sicherer Platz. In dem Wort Errettung liegt schon die Bedeutung von Sicherheit. Auch unsere irdischen Wohnungen sollten für unsere Familien Sicherheit bedeuten – ein Platz, wo wir Liebe und Verständnis nach der Anspannung und dem Kampf des täglichen Lebens finden, ein Platz, an dem Heilung, Stärkung und Ermutigung zu finden sind und jeden zu noch Größerem befähigen wird.

Maria hatte dreißig Jahre enger Familienbande mit Jesus erlebt. Jahre der Vorbereitung für seinen Dienst, der dreieinhalb Jahre dauern und dessen Ergebnis die Ewigkeit ausfüllen wird. Nach hebräischer Tradition erlangte ein Mann mit dreißig Jahren das Recht, seine Stimme im Rat zu erheben und eine öffentliche Führungsrolle zu bekleiden. Jesus war dreiunddreißig Jahre alt, als er sein irdisches Leben beendete und wieder in das himmlische Reich einging. Vielleicht ist diese Zeit in der hebräischen Reinigungszeremonie vorgedeutet. Dreiunddreißig Tage mußten nach der Geburt vergehen, ehe ein Kind im Tempel Gott dargebracht werden konnte. So wie Maria diesen Akt miterlebt hatte, so mußte sie nun zusehen, wie dieses Leben ganz und gar hingegeben, geopfert wurde, damit Millionen andere Leben für Gott gewonnen werden konnten.

Es ist immer das aufopfernde Leben, das am reichsten ist. Was immer bedingungslos Gott geopfert wird, erhalten wir in vielfacher Weise zurück. Ich habe Corrie ten Boom und andere kennengelernt, die unsagbares Leid getragen haben. Ich bin davon überzeugt, daß Gott aus jeder bitteren Erfahrung, ob Konzentrationslager oder andere schlimme Erlebnisse, Resultate hervorbringt, die im Verhältnis zu unserer Hingabe an ihn stehen. Nicht die Heilung oder Errettung des Körpers sind das Wichtigste, sondern unser inneres Wachstum. Nicht alle Menschen werden eine solche Bestimmung ihres Lebens annehmen. Aber Gott kennt diejenigen, die dazu bereit sind. Er verlangt nichts von uns, was wir nicht geben können, aber wir können uns nicht leisten, weniger zu geben, als er erwartet. Tun wir es doch, dann bringen wir uns um die Freude und den Erfolg, die er für uns vorgesehen hat. Auf dem ganzen Weg können wir außerdem noch die Wunder erleben, die er für uns tut.

Augenblicke der Wunder

Ich weiß nicht, ob Maria ihren Sohn zu Hause Wunder vollbringen sah. Nun in seinem öffentlichen Wirken erlebte sie mit anderen Menschen zusammen viele seiner Wundertaten. Das stille Leben von einst hatte sich schnell verändert. Die Tage waren turbulent und aufregend geworden, oft mit spektakulärem Geschehen ausgefüllt. Das erste von zahlreichen Wundern war in Kana geschehen, etwa sechs Kilometer nordöstlich von Nazareth, vielleicht in dem Haus eines Verwandten von Jesus oder von Nathanael, der dort zu Hause war. Jesus, seine Mutter und seine Jünger waren Gäste bei einem Hochzeitsfest. Als das Fest schon im Gange war, merkte man, daß nicht genug Wein vorhanden war. Das war eine fatale Verletzung der hebräischen Gepflogenheiten und der Gastfreundschaft. Es gab nur weniges, was noch peinlicher gewesen wäre. Maria erkannte die schwierige Lage des Gastgebers wie auch die übernatürliche Fähigkeit Jesu, für das Fehlende zu sorgen.

Als sie sich an ihn wandte, erinnerte er sie daran, daß seine Zeit, der Not durch übernatürliche Kraft zu begegnen, noch nicht ganz gekommen sei. Trotzdem sagte Maria zu den Dienern, in der vollen Gewißheit, daß Jesus niemand in seiner Not sitzen lassen würde: »Was er euch sagt, das tut« (Joh. 2, 5)!

Sechs steinerne Wasserkrüge standen in der Nähe für die zeremoniellen Waschungen bereit. Jesus gebot den Dienern, diese Gefäße bis zum Rand zu füllen. Nachdem sie das getan hatten, sagte er zu ihnen: »Nehmt etwas davon und bringt es dem Speisemeister« (V. 8). Jesus machte kein großes Geschrei, sondern handelte einfach, der Not des Augenblicks entsprechend. Hier wurde nicht nur der natürliche Prozeß der Verwandlung von Wasser in einen erstklassigen Wein zu einem Augenblick verkürzt. Als Resultat dieses

Wunders glaubten seine Jünger, daß er wirklich der Messias ist (Vers 11). Wunder sollen immer das Wachstum des Glaubens zur Folge haben.

Jesus war nicht der Gastgeber dieses Hochzeitsfestes. Aber bei dem Hochzeitsfest des Lammes, wenn er seine Braut – die Gemeinde, die aus Menschen besteht, die ihn im Glauben als ihren Heiland angenommen haben –, empfangen wird, dann wird er der alles erfüllende Gastgeber sein, deshalb wird es dort keinen Mangel geben.

Einige der Hochzeitsgäste von Kana sollten kurze Zeit später aus dem Mund Jesu die Worte vernehmen: »Ich bin der Weinstock, ihr seid die Reben. Wer in mir bleibt und ich in ihm, der bringt viel Frucht; denn ohne mich könnt ihr nichts tun« (Joh. 15, 5).

Vor kurzem bin ich durch einige der größten Weingärten der Welt gefahren. Die Winzer waren gerade dabei, ihre Reben zu beschneiden; ich war erstaunt darüber, daß jeder einzelne Weinstock so weit zurückgeschnitten wurde, daß es aussah, als sei da in diesem Jahr keine Ernte mehr zu erwarten. Aber ich wurde belehrt, daß der Rückschnitt die Ernte bestimme, und diese Ernte sei alle Anstrengungen wert. Wie oft muß in unserem Leben das tote Holz weggeschnitten werden, damit neue Triebe wachsen und wir Frucht bringen können. Der Herr der Ernte führt diesen Rückschnitt durch, auch wenn das Winzermesser in der Hand von Menschen liegt. Zu dem Werkzeug, das diesen Dienst an uns ausführt, können wir wie Maria sagen: »Was er dir sagt, das tue«; und wir können mit Freuden auf die Ernte warten.

In Marias Leben folgte auf das Hochzeitsfest in Kana ein Prozeß des Zurückschneidens. Wo immer ihr Sohn hinging, versammelte sich eine wachsende Volksmenge um ihn. Viele von ihnen wollten ihn berühren, um geheilt zu werden, andere waren ganz und gar von seinen Worten gefesselt. Wo die Nachricht bekannt wurde, daß Jesus kommen würde, ließen die Menschen alles stehen und liegen und eilten ihm entgegen.

Maria hatte gehört, daß sogar Männer aus dem Hohen Rat ihn sehen wollten, aber sie hatten andere Beweggründe. Einige versuchten, mit boshaften Fragen seine Ehrenhaftigkeit zu untergraben und bezweifelten seine Wundertaten. Andere suchten ehrliche Antworten auf die Fragen ihres Lebens.

Das Leben kann in jedem Alter beginnen

Nikodemus war einer der wahrhaft Suchenden. Er sagte zu Jesus: »Herr, wir wissen, daß du ein von Gott gesandter Lehrer bist, deine Wundertaten beweisen es.« Jesus entgegnete ihm: »Ich sage dir, wenn du nicht von neuem geboren wirst, kannst du nicht in das Reich Gottes kommen.« – »Was meinst du damit? Von neuem geboren werden?«, fragte Nikodemus. »Wie kann ein erwachsener Mensch wieder in seiner Mutter Leib gehen und wieder geboren werden?« Jesus erklärte ihm: »Wahrlich, wahrlich, ich sage dir: Es sei denn, daß jemand geboren werde aus Wasser und Geist, so kann er nicht in das Reich Gottes kommen. Was vom Fleisch geboren wird, das ist Fleisch; und was vom Geist geboren wird, das ist Geist. Laß dich's nicht wundern, daß ich dir gesagt habe: Ihr müßt von neuem geboren werden. Der Wind bläst, wo er will, und du hörst sein Sausen wohl; aber du weißt nicht, woher er kommt und wohin er fährt. So ist ein jeglicher, der aus dem Geist geboren ist« (Joh. 3, 2–8).

Jesus nahm sich Zeit, dem suchenden Mann diesen Reichtum der Bibel zu entfalten. Alle Menschen wissen, was eine Geburt ist: der Anfang einer Persönlichkeit und einer Familienzugehörigkeit. Wenn heranwachsende Kinder ungehorsam werden und das Elternhaus verlassen, besteht immer noch das Eltern-Kind-Verhältnis. Erbanlagen, Fähigkeiten und Neigungen der Eltern sind im Leben des Kindes enthalten; das Leben der Eltern ist in dem Kind. Verbindungen mögen zerbrechen, aber das Kind kann nicht »ungeboren« sein, es ist immer noch Fleisch von ihrem Fleisch und Bein von ihrem Bein.

Jesus nimmt dieses Beispiel, das wir alle voll und ganz verstehen, um das unsichtbare Vater-Kind-Verhältnis der Familie Gottes zu zeigen. Nur Gott ist ewig, alle anderen Existenzformen sterben. Unser begrenzter Verstand kann die Tatsache nicht fassen, daß das Leben immer da war und immer da sein wird. Dieses Leben pflanzt Gott in den Menschen, der an ihn glaubt und ihn um dieses Leben bittet. Durch die natürliche Geburt gehören wir zu einer physischen Familie, durch die Wiedergeburt werden wir Glieder der Familie Gottes.

Nikodemus hatte die Wirkung des Windes gesehen an den sich sanft bewegenden Blättern der Bäume und an den mächtigen Wellen des Meeres, aber den Wind selbst konnte er nicht sehen. An diese Tatsache erinnerte Jesus den fragenden Nikodemus, um ihm zu helfen, den unsichtbaren Gott an seinem Wirken in seinem Sohn zu erkennen.

Wollen Sie nicht Glied der Familie Gottes werden?

Maria wäre bestimmt gerne bei manchen dieser Gespräche zugegen gewesen, um noch mehr von Gottes Plan zu erfahren. Aber was sie jetzt lernen mußte, war dasselbe, das auch Johannes, der Täufer gelernt hatte: Ich muß abnehmen, er aber muß zunehmen; denn nur er ist Gott. So wie sie freiwillig ihren Körper zur Verfügung gestellt hatte, um der Welt das Geschenk des Gottessohnes zu bringen, so mußte sie ihm jetzt ihre Gefühle hingeben. Ihre Freude war die Dankbarkeit für das Vergangene und die Hoffnung für die Zukunft, als sie seinen Dienst sich täglich ausdehnen sah. Er mußte frei sein von den Ansprüchen einer Mutter und der Verantwortung für eine Familie, die jetzt von seinen Brüdern getragen werden konnte. Jesus mußte ganz und gar zu Gottes Verfügung stehen.

Maria mußte lernen, was viele andere Mütter auch zu lernen haben: Wenn ein Kind erwachsen ist, muß man es aus dem eigenen Wollen und Denken entlassen und ganz der Fürsorge und Leitung Gottes überlassen. Das gilt nicht nur für unsere Kinder, sondern für alle, die wir lieben. Ebenso müssen wir lernen, alles, was wir besitzen und vollbringen möchten, Gott zur Verfügung zu stellen. Wir können es uns nicht leisten, an etwas festzuhalten, was Gott aus unserem Leben entfernen will, um Platz für andere Tätigkeiten und Verbindungen zu schaffen. Der körperliche Jesus mußte aus Marias Leben scheiden, um dem unbegrenzten, auferstandenen Heiland Platz zu machen, der sie nie wieder verlassen würde.

Andere waren jetzt gerufen, an seiner Seite zu stehen. Da war Simon, der Bruder des Andreas, da waren seine Vettern Jakobus und Johannes und neun weitere Männer. Diese waren auserwählt, um besonders gelehrt zu werden, damit sie einmal sein Werk weiterführen konnten, wenn er nicht mehr auf Erden sein würde. Aber diese drei, Simon (oder Petrus, wie er später hieß), Jakobus und Johannes würden in vielen Situationen bei ihm sein, die die anderen nicht direkt miterlebten. Vielleicht wurden diese drei Männer dadurch auf ihren besonderen Auftrag vorbereitet. Denn Petrus sollte der Evangelist werden, auf dessen Verkündigung hin Tausende zum Glauben an den auferstandenen Jesus kommen sollten. Durch die Feder des Johannes schenkte Gott der Welt einen großen Teil des Neuen Testaments. Und Jakobus wurde der erste Märtyrer der jungen Gemeinde.

Ohne Zweifel waren diese drei Männer auch bei Jesus, als Maria und seine vier Brüder sich einen Weg durch die Menge bahnten, um ihn zu warnen. Gerüchte hatten sich verbreitet, daß man ihn fangen und umbringen wollte. Vielleicht konnten sie zu ihm gelangen und ihm weiteres öffentliches Lehren abraten. Manche Ausleger meinen, die Brüder Jesu könnten einen Rückgang ihres Geschäfts befürchtet haben, weil ihr Bruder ein Revolutionär ihrer Traditionen war.

Als sie versuchten, sich durch die Menge zu drängen, wurden sie von einigen Leuten erkannt, die ihnen Platz machten. Aber die Bewegung reichte nicht aus, um sie wirklich bis zu Jesus vordringen zu lassen. Nur die Nachricht, daß seine Mutter und seine Brüder draußen stünden und ihn sprechen wollten, drang zu Jesus. Er fragte daraufhin: »Wer ist meine Mutter? Wer sind meine Brüder?« Und die Umstehenden anschauend, fuhr er fort: »Siehe, das ist meine Mutter und meine Brüder! Wer Gottes Willen tut, der ist mein Bruder und meine Schwester und meine Mutter« (Mark. 3, 33–35).

Diese Worte erinnerten Maria erneut daran, daß keine menschliche Bindung dem Werk Gottes, der Erlösung der Menschen im Weg stehen dürfen. Sie war das Gefäß gewesen, durch das der Erretter gekommen war; dieses Gefäß durfte nicht zum Grab für die Ziele Gottes werden.

Jesu Worte sollten Maria und ihre Söhne und Töchter nicht ausschließen, sondern sie segnen mit der Erkenntnis der erweiterten Familie aller Glaubenden. Sie waren eingeschlossen, aber auf der Grundlage des persönlichen Glaubens und nicht der körperlichen Abstammung. Die Errettung kann nicht von christlichen Eltern ererbt werden; sie ist eine Sache der persönlichen Entscheidung und der völligen Hingabe des eigenen Lebens an Christus. Ob Maria und ihre Söhne und Töchter oder wir heute – wir alle können nur auf eine Art Glieder der Familie Gottes werden. Jesus sagt, daß wir zu seiner Familie gehören, wenn wir den Willen seines Vaters tun.

Der Wille und das Werk Gottes sind dasselbe. »Also ist's auch bei eurem Vater im Himmel nicht der Wille, daß eins von diesen Kleinen verlorengehe« (Matth. 18, 14). »... sondern er hat Geduld mit euch und will nicht, daß jemand verloren werde, sondern daß sich jedermann zur Buße kehre« (2. Petr. 3, 9). Und Jesus sagte: »Das ist Gottes Werk, daß ihr an den glaubt, den er gesandt hat« (Joh. 6, 29).

Wenn Sie damals in der Menge gewesen wären, zu welcher Gruppe von Menschen hätten Sie gehört? Zu denen, die an Jesu Worte glaubten und auf die seine Worte zutrafen: Diese sind meine Mutter und meine Brüder? Oder zu denen, die nur aus Neugierde und Sensationslust kamen?

Wer ist meine Mutter, Schwester und Bruder? Die Liebe Gottes schließt alle ein. Sie gibt Leben im vollsten Sinn. Maria hatte verstanden, daß Jesus nicht gekommen war, um sich ausschließlich einer Familie oder einer Gruppe von Menschen zu geben, sondern um eine geistliche Familie zu gründen, zu der alle Menschen aller Nationen Zutritt haben sollten. Wir können keine Anzeichen dafür finden, daß sie Jesu Worte abgelehnt oder mißverstanden hätte. Sie schien frei zu sein von persönlichem Stolz und dem Trachten nach Anerkennung. Die Güte Gottes ersparte ihr die unnötige Anspannung des öffentlichen Lebens mit Jesus, aber deswegen war sie nicht des persönlichen Zeugnisses beraubt.

Die Frau, die die leeren Wasserkrüge gesehen hatte, die zerbrochenen Leben, die geheilt worden waren, erzählt uns heute ihre Geschichte, damit wir erkennen können, daß uns nichts geschehen kann, was wir zusammen mit Jesus nicht meistern könnten. Mag diese Geschichte weiterlaufen, bis alle Welt sie vernommen hat.

9 Wann haben Sie das letzte Mal von Gott gehört?

»Mutti, warum braucht Gott so lange, bis er uns antwortet?« Jeffs große, blaue Augen sahen mich ernst an. Das war eine gute Frage von einem Achtjährigen. Wir hatten Gott gebeten, einen Käufer für Hals Geschäft ins San Franzisko zu finden; 2500 Kilometer jede Woche zurückzulegen, das war zu viel. Als die Wochen zu Monaten wurden, wuchs Jeffs Sehnsucht nach seinem Vater; er wollte ihn gerne abends an seinem Bett haben, um mit ihm zu beten, er wollte mit ihm zusammen fischen und Baseball spielen.

Ja, warum wartet Gott so lange, Jeff? Da gibt es wohl viele Gründe. Gott ist nie in Eile. Er braucht nicht zu hetzen; denn er ist Herr über die Zeit. Wir sind so tempoorientiert, daß es schwer für uns ist, die Zeit so zu sehen wie Gott. Aber er weiß genau, was wir brauchen. Wenn wir ein Büro in Seattle aufmachen wollen, brauchen wir das richtige Gebäude dazu; vielleicht ist das jetzt noch nicht zu haben. Gott bereitet die Mitarbeiter und die Kunden vor, die wir brauchen. In der Zwischenzeit kann Hal zusätzliche Erfahrungen sammeln, die er zu einem späteren Erfolg braucht. Vielleicht sind da noch Menschen in und um San Franzisko, denen Hal von Christus erzählen soll. Und wir lernten in der Zeit, uns noch mehr auf Gott zu verlassen. Denn obwohl unser irdischer Vater abwesend ist, ist doch der himmlische Vater gegenwärtig, und wir können ihn allezeit sprechen.

Wie ungeduldig werden wir doch, wenn Gott etwas nach unserem Zeitplan tun soll. Aber seine Uhr geht richtig. In seinem Zeitplan für die Ereignisse in unserem Leben sind keine Fehler. Wir wollen doch Gott nicht davonlaufen. Wir würden ja nur kostbare Zeit und Kraft verschwenden und Enttäuschungen erleben.

Wir müssen Gott die Freiheit einräumen, unsere Gebete nach seiner Art und wenn er es an der Zeit findet zu beantworten. Solange wir selber die Geschehnisse lenken und den Zeitplan ausarbeiten wollen, ist es nicht Gott, der unser Leben dirigiert, sondern wir selber. Wir haben dann die Konsequenzen unseres begrenzten Wissens zu tragen und büßen außerdem an Glauben und Frieden ein. Wir tragen die Verantwortung für unsere Entscheidungen, und wenn sie nicht unter der Leitung und der Weisheit Gottes stehen, wird das zum Schaden für unsere Gesundheit und unser Wohlergehen sein.

Gottes Schöpfungsreichtum geht weit über das hinaus, was wir uns mit unserem begrenzten Verstand vorstellen können. Gott ist in seinen Möglichkeiten nicht an unser Denken von der Erhörung unserer Gebete gebunden. Unsere verdunkelten Augen können nur wenig erkennen, aber Gottes Augen sehen Tausende von Möglichkeiten, die uns verborgen sind. Sie können nur Realität werden, wenn wir unsere Pläne ihm überlassen; nur dann kann er unser Leben erfüllen.

Das Gebet betrachten wir gewöhnlich nicht als körperliche Arbeit, aber unsere körperliche Tätigkeit scheint dem geduldigen Gebet im Wege zu stehen. Der Körper folgt den Gedanken, und in Kolosser 3, 2 werden wir aufgefordert: »Richtet euren Sinn auf das, was droben ist, nicht auf das, was auf Erden ist!« Das Wort Sinn bedeutet Gedanken. Hier wird also gesagt, daß wir unsere Gedanken und damit unsere Beweggründe, unsere Interessen von den irdischen Dingen hinweg und hin auf die göttlichen richten sollen. Das können wir nur tun, wenn wir in Verbindung mit Gott stehen, wenn wir mit ihm sprechen und ihn zu uns reden lassen.

Gott hat uns ein fantastisches Kommunikationssystem gegeben. Es benötigt keinerlei Installation, und es können keine technischen Mängel und Fehler darin auftreten. Seit der Erschaffung Adams ist es ununterbrochen 24 Stunden am Tag in Funktion. Es gibt keine falschen Verbindungen, verkehrte Nummern, überlastete Leitungen oder unerschwingliche Preise. Es gibt kein Gebiet auf der Erde, von dem aus der Kontakt nicht hergestellt werden könnte. »Ich bin gewiß, daß weder Tod noch Leben, weder Engel noch Fürstentümer noch Gewalten, weder Gegenwärtiges noch Zukünftiges, weder Hohes noch Tiefes noch keine andere Kreatur kann uns scheiden von der Liebe Gottes, die in Christus Jesus ist, unserem Herrn« (Röm. 8, 38–39). Nichts in der ganzen Welt kann uns von der Liebe und von der Verbindung mit Gott abschneiden, nur unsere eigene Mißachtung und unser Unglaube.

Abgeschirmt gegen die Macht Gottes

Als ich ein kleines Kind war, tönte aus unserem Radioapparat oft so viel Krach, daß die Musik oder die Geschichte, die ausgestrahlt wurden, nicht zu hören waren. Das lag nicht an dem Sender, sondern die atmosphärischen Störungen und der Gebrauch von elektronischen Geräten in unserer Gegend machten den Empfang unmöglich. Diese Störungen veranlaßten meinen Vater, das Radio abzustellen. Die Art der Verbindung zu anderen Menschen mag der Grund zu ähnlichen Störungen in unserem Gebetsleben sein. Jede Blockierung der Verbindung liegt an uns, nicht an Gott. »Siehe, des Herrn Arm ist nicht zu kurz, daß er nicht helfen könnte, und seine Ohren sind nicht hart geworden, so daß er nicht hören könnte, sondern eure Verschuldungen scheiden euch von eurem Gott, und eure Sünden verbergen sein Angesicht vor euch, daß ihr nicht gehört werdet« (Jes. 59, 1–2).

Einer meiner Neffen ist Atomphysiker. Bei manchen seiner Arbeiten muß er sich durch einen dicken Bleischild schützen. Das Blei verhindert den Kontakt mit Strahlen, die für die Gesundheit schädlich sind. In unserem Denken und Fühlen richten wir, oft unbewußt, solche Schutzschilde auf, die uns von den heilenden Strahlen der Kraft Gottes ausschließen. Denn unser Gott ist keine ferne Macht, der von irgendwoher die Dinge lenkt, sondern er ist ein ganz persönlicher Gott, der in uns lebt und wirkt. Wenn wir keine Kraft zum Gebet haben, so kann das daran liegen, daß wir zurückschauen auf Verletzungen, die uns Menschen einmal zugefügt haben. Aber warum sollten wir uns eigentlich durch vergangene Erfahrungen um den Reichtum der Gegenwart bringen lassen?

Eine Freundin erzählte mir kürzlich, daß sie und ihr Mann keinen Gottesdienst mehr besuchen. Allmählich waren sie vom Bibellesen, Gebet und allen geistlich orientierten Tätigkeiten abgekommen und sind nun einsam und unglücklich. Sie sagte, sie seien vor Jahren einmal von Gliedern ihrer Gemeinde sehr enttäuscht worden, als man den Prediger einfach entlassen hätte, obwohl er ihnen jahrelang treu gedient habe. Meine Freundin und ihr Mann waren so damit beschäftigt gewesen, die Haltung der anderen zu verabscheuen, daß sie vergessen hatten, daß Gott auch aus dieser Situation Gutes hervorbringen konnte. Wenn der Verkündiger während all dieser Jahre seines Dienstes keine christusähnliche Gesinnung bei seinen Zuhörern wecken konnte, so war die Auseinandersetzung vielleicht nötig, um ihm zu zeigen, daß er die Lehre des praktischen Christentums versäumt hatte; oder Gott wollte ihn vielleicht an einem anderen Platz haben, wo die Verkündigung auf fruchtbareren Boden fallen würde.

In jedem Fall konnte meine Freundin absolut nichts gewinnen, indem sie zurückschaute auf vergangene Erfahrungen. Sie war nicht einmal direkt in die Angelegenheit verwickelt gewesen, aber sie zahlte einen hohen Preis. Gott gab ihr die Gelegenheit, um Vergebung zu bitten für ihre Kritiksucht und zu erkennen, daß es in jedes Menschen Leben Gebiete gibt, wo er die volle Reife in Christus noch nicht erlangt hat. In 2. Chronik 7, 14 finden wir eine kraftvolle Verheißung: »Wenn mein Volk, über das mein Name genannt ist, sich demütigt, daß sie beten und mein Angesicht suchen und sich von ihren bösen Wegen bekehren, so will ich vom Himmel her hören und ihre Sünde vergeben und ihr Land heilen.«

Die Kraft des Gebets fließt in ähnlicher Weise wie der elektrische Strom. Eines Tages stellte ich fest, daß mein neues Bügeleisen nicht funktionierte. Verzweifelt schaute ich den großen Berg Wäsche an, als zu meiner großen Erleichterung Mike erschien. Er entdeckte schnell den Schaden, eine angebrochene Leitung im Haus, die einen Kurzschluß verursacht hatte. Mike erklärte mir: »Mutti, es war nicht die Schuld des Herstellers, das Werkzeug für deine Arbeit ist gut. Es war auch Energie für die Arbeit da, aber die Leitung war defekt, so daß die Energie gar nicht zum Bügeleisen gelangen konnte.« Ich dankte ihm für seine Belehrung und dachte, welche gute Lektion für mein Gebetsleben ich da erhalten hatte.

Gott, unser Schöpfer, hat in uns keine Fehlleistung geliefert, und er hält genug Energie für uns bereit. Aber ich kann Ereignissen und Menschen in meinem Leben gestatten, in der Energiezufuhr einen Kurzschluß herbeizuführen, eine Unterbrechung der Leitung. Wenn Menschen oder Umstände meine Verbindung zu Gott stören können, dann stehe ich in ernster Gefahr. Dann muß ich das Angesicht Gottes mit Ernst suchen und seine Vergebung erbitten. Seine Zustimmung zu meinem Tun und die Gemeinschaft mit ihm muß über allem anderen im Leben stehen.

Ungehemmte Kraft

Die totale Abhängigkeit Jesu von der Verbindung mit dem Vater ist erstaunlich. Es war nichts Außergewöhnliches für ihn, vor großen Ereignissen eine ganze Nacht im Gebet zu verbringen.

Auf eine solche Gebetsnacht folgte einmal ein Tag besonders großer Beanspruchung im Dienst an seinen Zeitgenossen. Der ständige Druck von Tausenden von Menschen muß ihn völlig erschöpft haben. Die seelische Belastung muß ungeheuerlich gewesen sein; denn er sah ja nicht nur die kranken Körper, sondern auch die kranken Gefühle und den kranken Geist. Seine Füße mögen ihn kaum noch getragen haben, aber sein Geist streckte sich aus nach der Verbindung mit dem Vater.

Als er dann auf den Berg stieg, der als Horn Hattin bekannt ist, sah er Tiberias unter sich liegen am Ufer des schönen, blauen Sees Genezareth. Morgen würde er eine neue, größere Dimension seines Lehrens beginnen. Er würde die Menschen ermuntern, das Dogma der menschlichen Traditionen, die das Wort Gottes ad absurdum führten, aufzugeben. Er mußte ihnen die Sünde zum Bewußtsein bringen, aber auch die Liebe Gottes, seine Bereitschaft zur Vergebung und sein Heilen. Sie mußten den Schaden erkennen, den die Auflehnung gegen Gott anrichtete, und sie mußten die Herausforderung zu einem persönlichen Leben mit Gott beantworten.

Während der Nacht, in der die meisten Menschen schliefen, suchte Jesus die Gegenwart Gottes. Als im Osten der Morgen heraufdämmerte, stieg er wieder den Berg hinunter. Frühe Ankömmlinge versammelten sich schon am Fuß des Berges, sie erwarteten einen neuen Tag mit Jesus. Sie wollten die Revolution ihres sozialen und religiösen Lebens erfahren. Die Ereignisse und Lehren dieses Tages sind in Lukas 6 und Matthäus 5 bis 7 aufgeschrieben, damit wir heute davon profitieren können.

»Selig sind, die geistlich arm sind, denn ihnen gehört das Himmelreich.

Selig sind, die Leid tragen, denn sie sollen getröstet werden.

Selig sind die Sanftmütigen, denn sie werden das Erdreich besitzen.

Selig sind, die hungern und dürsten nach der Gerechtigkeit, denn sie sollen satt werden.

Selig sind die Barmherzigen, denn sie werden Barmherzigkeit erlangen.

Selig sind, die Frieden stiften, denn sie werden Gottes Kinder heißen.

Selig sind, die um Gerechtigkeit willen verfolgt werden, denn ihnen gehört das Himmelreich.

Selig seid ihr, wenn euch die Menschen um meinetwillen schmähen und verfolgen und alles Schlechte über euch reden und damit lügen. Seid fröhlich und getrost; es wird euch im Himmel reichlich belohnt werden. Denn ebenso haben sie die Propheten verfolgt, die vor euch gewesen sind« (Matth. 5, 3–12).

In diesen Versen zeichnet Jesus das Bild von Menschen, die in ihrer Demut und Bescheidenheit von großer Traurigkeit niedergedrückt werden. Ob es Traurigkeit über Sünde, einen Verlust oder die Not anderer Menschen ist, ihre Tränen sollen von Jesus getrocknet werden. Sanftmütige und beherrschte Menschen können irdische Güter und himmlische Schätze empfangen; denn bei allem werden sie sich nur auf die Führung Gottes verlassen, auf nichts anderes.

Wenn Jesus in ein Leben hineinkommt, so entsteht das Verlangen, gütig und gerecht zu handeln. Jesus wird das Verlangen dieses Herzens stillen. In all diesen Worten liegen große Reichtümer verborgen. Aber der Anfang dazu ist die Belehrung und die Umwandlung unseres Lebens. Den Weg dazu finden wir auch in diesen Versen.

Im sechsten Kapitel sehen wir, wie Jesus das Tor zum Leben öffnet. Er befreit uns, indem er uns zeigt, daß wir unsere Zukunft, unser ganzes Leben einfach in die Hände Gottes legen können. Er redet von der Sorge um Nahrung und Kleidung, um Familie und Wohnung und zeigt uns den Schlüssel zum Reichtum des Himmels, wo wir unsere Schätze getrost abgeben können. Wir brauchen keine Angst vor Dieben oder dem Zerfall der Schätze zu haben; ihr Wert wird sogar noch zunehmen, statt zu vergehen. Wie schnell können dieselben Dinge durch Feuer, Flut oder wirtschaftlichen Niedergang zerstört werden, wenn wir sie in einem Safe nach unserer Wahl aufheben. Trotzdem werden Leben, Ehen und Familien den Schätzen geopfert, die so schnell vergehen.

Einer unserer Söhne hatte uns seinen neuen Sportwagen vorgeführt, den er gerade abgeholt hatte; er war sehr stolz darauf. Am Sonntag darauf erfuhren wir durch einen Telefonanruf, daß er mit seinem Bruder und anderen jungen Leuten im Auto auf vereister Straße ins Schleudern gekommen war. Ein anderer Wagen, der ihnen mit 140 Stundenkilometern entgegengekommen war, stieß mit ihnen zusammen. Die Jungens überlebten den Unfall, aber das Auto war nur noch Schrott. Unser Leben hat unendlich größeren Wert als die Dinge, an die wir es verschwenden.

Es gibt keine Sicherheit für uns und unsere Kinder, die in dem Besitz materieller Güter liegen könnte. Aber wir können endlose Dividende empfangen, wenn wir dieselben Schätze in Gottes Sicherheitsprogramm investieren. Der Weg dazu führt über das Gebet. Joseph und Maria war dieser Weg bekannt. Während Jesus in ihrem Hause aufwuchs, hat er sie sicher oft beten hören. Ich frage mich, ob Judas Icharioth wohl eine Mutter gehabt hat, die für ihn betete? Der Einfluß von elterlichen Gebeten kann nicht hoch genug eingeschätzt werden, und wir können ihre Auswirkungen nicht einmal verstehen. Gott ehrt die, die ihn ehren.

Brauchen Sie einen guten Zuhörer? Reden Sie mit Gott!

Maria befand sich sicher unter der Menge, die Jesus an diesem anstrengenden Tag zuhörte. Aber sie war nicht bei ihm gewesen in der Dunkelheit der Nacht.

Es gibt Erfahrungen, die wir nur mit unserem Herrn teilen können. Gedanken, die wir mit Worten nicht ausdrücken können, versteht er. Da gibt es kein Mißverständnis. Sein Verstehen geht weit über unsere Worte hinaus, ja wenn wir uns selbst nicht verstehen und uns gar selbst betrügen, kennt er uns noch und versteht die Dinge. Sein Licht leuchtet hinter unsere Worte; denn er will uns freimachen von unseren Klischees und nichtssagenden Phrasen, die wir an die Stelle eines wirklichen Gesprächs mit ihm setzen. Wir mögen während der Gebetsstunde der Gemeinde einschlafen; aber wir sollten besser nicht schlafen, wenn wir in die Gegenwart Gottes treten wollen.

Schlaf scheint oft ein Ersatz für das Gebet zu sein. Aber damit kommen wir nicht an Gott vorbei. Es gibt Zeiten, in denen unsere müden Körper ruhen müssen. Psalm 127, 2 versichert uns: »Es ist umsonst, daß ihr früh aufsteht und hernach lange sitzet und esset euer Brot mit Sorgen; denn seinen Freunden gibt er es im Schlaf.« Der gütige Gott weiß, daß wir Schlaf brauchen. Aber manchmal benutzen wir den Schlaf als Flucht, und dann versäumen wir die erfrischenden Augenblicke des Gesprächs mit unserem Vater, Augenblicke, in denen er uns die Augen öffnen könnte für die Dinge, die er uns zeigen will.

Nur wenige Stunden vor seiner Kreuzigung nahm Jesus Petrus, Jakobus und Johannes mit in den Garten Gethsemane und bat sie zu warten und mit ihm zu wachen. Dreimal kehrte er zu ihnen zurück und fand sie jedesmal schlafend. Jesus mußte ihnen sagen: »Wachet und betet, damit ihr nicht in Anfechtung fallet« (Matth. 26, 41).

Man sagt, daß unsere Gedanken nachts um 1 Uhr ihren kreativen Höhepunkt haben. Im Gegensatz dazu befindet sich der Körper im Gesamtablauf von vierundzwanzig Stunden dann an seinem tiefsten Punkt. Wenn die mechanische Aktivität des Körpers zur Ruhe kommt, fließt die nicht gebrauchte Energie in die Gedankentätigkeit. Wie oft werde ich nachts wach, und mir kommen Möglichkeiten in den Sinn, nach denen ich tagsüber vergeblich gesucht habe. Ich schreibe die Gedanken dann auf, um sie später auszuarbeiten, und danke Gott für die klaren Gedanken mitten in der Nacht.

Gott veranlaßt uns nicht selten, nachts für ganz bestimmte Probleme und Menschen zu beten. Ich habe einmal eine eigenartige Geschichte erlebt. Wir hatten nur einige Monate in einer kleinen Stadt gelebt, ehe wir nach San Diego zogen. In meinem Buch »Warum sinken, wenn du schwimmen kannst?« habe ich von meiner Krebsoperation berichtet. Das war in San Diego. Etwa ein halbes Jahr nach der Operation kehrten wir in jene kleine Stadt zurück, in der wir vorher nur so kurze Zeit gelebt hatten. An unserem ersten Sonntag dort besuchten wir den Gottesdienst einer Gemeinde, in der wir vor drei Jahren schon einige Male gewesen waren. Am Ende der Versammlung kam eine Frau zu mir und fragte: »Sind Sie nicht June Miller?« Als ich bejahte, fragte sie weiter: »Können Sie mir sagen, was Sie letzten Halloween (Abend vor Allerheiligen) getan haben?«

Ohne erst nachdenken zu müssen, erzählte ich ihr sofort von meiner Operation, die an diesem Tag gewesen war. Dann erzählte diese

Frau mir, daß sie in jener Nacht, etwa um Mitternacht aufgewacht sei mit dem starken Bewußtsein, daß sie für mich beten solle. Sie konnte sich kaum an mich erinnern, aber sie betete: »Gott, wenn du das so willst, dann bitte ich dich, June Miller – wer sie auch immer ist – zu segnen.« Sie wollte weiterschlafen, aber dieser Gedanke, daß sie für mich beten müsse, ließ ihr keine Ruhe. Nach einigen vergeblichen Versuchen, wieder einzuschlafen, stand sie auf und ging zu einer Nachbarin, und zusammen beteten sie für mich. Ich hatte nichts von ihrem Erleben gewußt, aber ich erinnerte mich sehr deutlich an jene Nacht. Tausende von Kilometern von dieser Frau entfernt, war ich nachts in meinem Krankenhausbett aufgewacht und hörte eine Krankenschwester sagen: »Ich kann ihren Puls nicht finden.« Der Raum schien voller Menschen zu sein. Mein Anästhesist beugte sich über mich und fragte: »June, haben Sie Angst?« Ich antwortete ihm: »Nein«, und schlief sofort wieder ein.

Welche Freude war es nun zu erkennen, daß mein himmlischer Vater über mich gewacht und aus irgendeinem Grund diese Frau veranlaßt hatte, mein Erleben zu teilen. Mit Freuden erkannten wir beide, wie Gott unsere Leben miteinander verbindet, wir uns gegenseitig im Glauben stärken können und jeder die Kraft des Gebets erfahren kann.

Das Gebet ist die Antwort auf die Eingebungen des Geistes Gottes. Im Gebet richten wir unsere Wünsche nach dem Willen Gottes aus. Das Gebet ist ein Zwiegespräch: Wir hören auf die Stimme Gottes, und wir schütten unsere Herzen vor ihm aus. Es ist das Einstimmen unseres Geistes auf den Geist Gottes. In dieser Harmonie gilt uns die Verheißung: »Was ihr bitten werdet in meinem Namen, das will ich tun, auf daß der Vater verherrlicht werde in dem Sohn« (Joh. 14, 13).

Beantwortete Gebete verherrlichen den Namen Gottes. Ich bin dankbar, daß mein Vater nicht zu all meinen Bitten »Ja« sagt. Oft sagt er in seiner Weisheit: Nein, das ist nicht gut für dich und verherrlicht mich nicht. Bei anderen Gelegenheiten war mein Zeitplan verkehrt, und Gott mußte sagen: Für diese Erfahrung bist du noch nicht reif. Alle Gebete werden beantwortet, aber nicht immer auf dieselbe Weise. Gottes Antworten sind vielfältiger, als unsere Bitten je sein können. Aber sie sind immer zu unserem Besten und zu seiner Verherrlichung.

In unser aller Leben kommt es auch vor, daß wir beten möchten, und wir können nicht. Dann dürfen wir wissen, daß Jesus für uns betet. In Johannes 17, 9 lesen wir: »Ich bitte für sie und bitte nicht für Welt, sondern für die, die du mir gegeben hast; denn sie sind dein.« Und in Hebräer 7, 25 wird uns verheißen: »Daher kann er auch auf ewig selig machen, die durch ihn zu Gott kommen; denn er lebt immerdar und bittet für uns.« Eine weitere tröstliche Versicherung steht in Römer 8, 26–27: »Desgleichen hilft auch der Geist unserer Schwachheit auf. Denn wir wissen nicht, was wir beten sollen, wie sich's gebührt; sondern der Geist selbst vertritt uns mit unaussprechlichem Seufzen. Der aber die Herzen erforscht, der weiß, was des Geistes Sinnen ist; denn er vertritt die Heiligen, wie es Gott gefällt.«

Jesus wußte, was es heißt, mit dem Himmel und der Erde in gleicher Weise in Verbindung zu stehen, keinerlei Schranken der Kommunikation zu haben, weder mit Gott noch mit den Menschen; denn seiner Haltung, seinem Tun und seinen Entscheidungen lagen keine selbstsüchtigen Motive zugrunde. Es gab in ihm nichts, was die volle Kraft Gottes gehindert hätte. Könige und Bettler kamen zu ihm, und alle wurden angenommen. Er kannte kein Statussymbol und keine Rassenbevorzugung. In gleicher Weise dient er uns heute; dabei bedient er sich anderer Menschen.

Jesus mußte sterben, um uns von allen Vorurteilen, von allen rituellen Systemen, die wie ein grauer Nebel über den Menschen hängen, zu befreien. So wie er einst seine Jünger beauftragte, so beauftragt er uns heute, unser Leben einzusetzen, alle selbstsüchtigen Ziele beiseitezustellen, um anderen zu dienen. So wie Jesus einst viele körperliche Gebrechen heilte und damit seine göttliche Macht bewies, so müssen wir heute bestrebt sein, die geistigen Krankheiten wie Zweifel, Angst und Sorgen zu bekämpfen. So wie mit Hilfe der Röntgenstrahlen Krankheiten entdeckt und behandelt werden, so können die Röntgenstrahlen des Gebets seelische und geistliche Krankheiten aufdecken und heilen.

Beten heißt, die Gegenwart Jesu erfahren und auf seine Worte achten. Es bedeutet, ihn zu loben und ihm zu danken für das, was er ist und war er tut. Es heißt, sein Tun zu erbitten – für uns und für andere. Vor allem heißt beten, ihm die Entscheidung zu überlassen, wann und wie er in unser Leben oder in das Leben derer, für die wir bitten, eingreift.

»Das ist die Zuversicht, die wir Gott gegenüber haben: Wenn wir um etwas bitten nach seinem Willen, dann hört er uns. Und wenn wir wissen, daß er unsere Bitte hört, wissen wir auch, daß wir erhalten, was wir von ihm erbeten haben« (1. Joh. 5, 14–15).

10 Unternehmungen mit Jesus

Ein kleines Kind kauerte fröstelnd im Torweg, vom Hunger gezeichnet. Wer würde glauben, daß Gott eine Familie auf der anderen Seite der Erdkugel bewegen würde, diesem Kind zu helfen? Oder daß die Gesetze eines ganzen Landes deswegen geändert würden?

Es war nicht das einzige Kind, das in der Dunkelheit weinte. In der Morgenfrühe wurden andere kleine Körper auf den Straßen und aus Rinnsteinen gesammelt – Kinder, die in der Nacht gestorben waren. Ihre vom Krieg zerstörten Dörfer bargen für sie wenig Hoffnung zum Überleben; denn sie waren die ungewollte Randerscheinung des Krieges, das Ergebnis der Verbindung fremder Soldaten mit einheimischen Mädchen. Korea hatte bis dahin wenig Vermischung mit anderen Nationalitäten erfahren. Nun waren sie da, diese Kinder mit rotem Haar oder schwarzer Haut, auffällige Merkmale eines fremden Erbes. Gab es niemand, der sich um dieses Strandgut des Krieges kümmerte?

Dr. Bob Pierce hatte sich nie träumen lassen, was Gott an diesem Abend tun würde, als er von den koreanischen Kindern berichtete. Gott hatte an diesem Abend eine Farmersfamilie, die diese Geschichte hören sollte, in die Aula des Gymnasiums gebracht. Jedem Glied dieser Familie wurde die Not der Menschen in Korea so ins Bewußtsein gegraben, daß sie beschlossen, etwas zu unternehmen.

Wenn Gott eine Familie führt, dann spricht er zu jedem einzelnen, damit alle eines Sinnes sind und mit den Zielen Gottes harmonieren. Gott ist kein Gott der Unordnung, und er zwingt niemand auf seinen Weg. Wenn jedes Glied einer Familie unter seiner Führung steht, so wird durch das gemeinsame Unternehmen die Bindung untereinander gefestigt und bereichert.

Harry und Berta Holt erfuhren diese vervielfachte Freude in ihrer Familie unter der weiteren Führung Gottes. Nur ein Farmer, der zu Herzinfarkten neigte, und seine Frau, beide in mittleren Jahren, beeindruckten Senatoren und Kongreß, ja sogar das Weiße Haus derart, daß schnellstens eine besondere Gesetzgebung vereinbart wurde, die eine Adoption dieser Kinder ermöglichte. Durch diesen Anfang wurden mehr als 7000 Kinder von amerikanischen Familien adoptiert und Waisenhäuser und Hospitäler für weitere Kinder gebaut.

Wo hatte diese Familie den Mut und den Glauben hergenommen, ein solches Unternehmen zu starten? Von diesem Mann aus Nazareth, der schon die Menschen seiner Zeit umkrempelte. Einem Leben, das unter der totalen Führung Gottes steht, sind keine Grenzen gesetzt, ganz gleich wie alt oder jung, krank oder gesund der Mensch ist.

Die Menschen, die mit Jesus über die staubigen Straßen Galiläas wanderten, erkannten diese Wahrheit. Unglaubliche Ereignisse traten ein, wo er gegenwärtig war; manchmal genügte sogar ein Wort von ihm aus der Entfernung.

Eines Tages, als er nach Kapernaum zurückkehrte, wartete eine große Menschenmenge auf ihn, um ihn willkommen zu heißen. Die Begebenheiten und Resultate seines letzten Besuches waren den Leuten in bester Erinnerung. Denn jeden Tag trafen sie mit denen auf der Straße zusammen, die vorher nie hatten laufen können und nun neben ihnen hergingen, sie redeten mit denen, die taub und stumm gewesen waren. Menschen, die von Dämonen besessen gewesen waren, lebten nun gesund und glücklich mit ihnen zusammen.

In Gardara waren dieselben Dinge geschehen, aber die Reaktion der Bevölkerung war völlig anders. Dort hatten die Menschen Jesus gebeten, ihre Gegend zu verlassen. Nicht alle, die die Wunder Gottes erleben, öffnen ihr Leben für seine Kraft. Manche laufen weg und verstecken sich, weil sie Angst haben, dieser Christus könnte zuviel von ihnen verlangen, könnte ihren Glauben herausfordern und ihnen neue Dimensionen ihres Lebens zeigen.

Ein Mann, der da in vorderster Reihe stand und auf Jesus wartete, war ein geachteter Oberster in der Synagoge. Ihm war es gleichgültig, was andere sagten oder dachten. Wenn dieser Jesus anderen geholfen hatte, würde er auch stark genug für seine Not sein. Es ist diese Haltung, die uns immer in der vordersten Linie die Wunder Gottes erleben läßt.

Jairus erklärte die Dringlichkeit seines Anliegens – den kritischen

Gesundheitszustand seiner zwölfjährigen Tochter, die sein einziges Kind war. Jairus wußte, daß der Tod sehr nahe war, es sei denn, Gott würde eingreifen. »Komm doch und lege deine Hände auf sie, damit sie gesund wird und lebt« (Mark. 5, 23). Die Not liebender Menschen ist eine starke Motivation für lebendigen Glauben. Glauben heißt, mit unseren Sinnen und Gedanken, mit unserem Geist uns vor Jesus beugen, vor ihm niederfallen, so wie Jairus das körperlich tat.

Als Jesus mit Jairus durch die Menge ging, kam eine andere Person, die alle menschlichen Möglichkeiten ausprobiert, ihre völlige Unzulänglichkeit erfahren hatte und nun ihre Hand nach Jesus ausstreckte. Er war die letzte Möglichkeit für diese Frau, denn »sie hatte von vielen Ärzten viel erlitten und ihr Hab und Gut dafür aufgewandt; doch es hatte ihr nichts geholfen, vielmehr war es noch schlimmer mit ihr geworden« (Mark. 5, 26). Sie scheint dadurch nicht bitter geworden zu sein, sondern erlebte die Geburt ihres Glaubens. Denn »als sie von Jesus hörte, kam sie in der Menge von hinten heran und berührte sein Gewand. Denn sie sagte sich: Wenn ich nur sein Kleid berühren könnte, so würde ich gesund« (Verse 27–28).

Warum hatte nicht schon früher ihr jemand von Jesus erzählt? Vielleicht hätte sie ihr Geld sparen können. Wahrscheinlich hatte sie diese Erfahrungen gebraucht, um zu Jesus zu finden. Wir möchten uns ja nicht gerne vor Gott beugen und probieren lieber erst alle eigenen Möglichkeiten aus.

Diese Frau streckte ihre kraftlose Hand nach Jesus aus und erlebte, daß die göttliche Kraft ausreichte, um sie zu heilen. Als sie durch die drängende und schiebende Menschenmenge von hinten bis zu Jesus durchgedrungen war und sein grobes, selbstgesponnenes Gewand berührte, blieb der Meister stehen und fragte: »Wer hat meine Kleider berührt?« Bei dem Gedränge kamen viele Menschen in engen Kontakt mit ihm, aber die Berührung, von der er sprach, war keine zufällige, sondern die eines von Verzweiflung und Hoffnung getriebenen Menschen.

Die Frau, die so viel empfangen hatte, durfte nicht unerkannt verschwinden und ihr Geheimnis in ihrem Herzen einschließen. Was wir von Gott empfangen, müssen wir mit anderen teilen. Zitternd erkannte die Frau, daß die Masse das Ergebnis der Kraft Jesu in ihrem Leben nicht verdecken konnte. Sie fiel vor Jesus nieder und erzählte den Menschen, was er für sie getan hatte. Und sie hörte seine Worte: »Meine Tochter, dein Glaube hat dir geholfen. Gehe hin mit Frieden« (Luk. 8, 48).

Jesus ist um unser inneres Leben besorgt; er heilte die Frau nicht nur körperlich, sondern auch seelisch und geistlich. Er nahm sie an, so wie sie war, diente ihr in ihrer Not und zeigte ihr, daß ihr Glaube an die richtige Adresse gerichtet war. Nachdem sie das Erlebnis der Begegnung mit Gott mit der Menge und mit Jesus geteilt hatte, brauchte sie sich nie mehr davor zu fürchten, anderen von Christus zu erzählen. Sie besaß keine theologische Ausbildung und gehörte keiner besonderen Organisation an, aber sie hatte Christus kennengelernt, und deshalb konnte sie von ihm berichten.

Auch heute ruft Gott uns Frauen aus der Menge heraus, um anderen davon zu sagen, was Christus für uns getan hat. Wenn wir ihm begegnet sind, mit ihm gesprochen haben, warum sollten wir uns dann fürchten, anderen davon zu erzählen?

Verzögerungen, die den Weg für die Wundertaten Gottes bereiten

Der Glaube einer Frau wurde gerechtfertigt, Hoffnungen erfüllt, ein Leben erneuert, und die Reise wird fortgesetzt. Aber was ist mit Jairus? Dieser Zwischenfall hatte sie kostbare Zeit gekostet. Hatte er nicht seine Bitte schon vorgebracht, bevor man überhaupt von der Anwesenheit der Frau etwas wußte? Warum mußte so viel wertvolle Zeit vergehen, um ihre Geschichte anzuhören? Als Jesus noch mit der Frau redete, kam ein Bote und sagte dem betrübten Vater: »Deine Tochter ist gestorben. Warum bemühst du den Meister noch?« Die Menschen sind schnell dabei, schlimme Nachrichten zu übermitteln. Aber Jesus bringt gute Botschaft. Er versichert Jairus: »Fürchte dich nicht, glaube nur« (Vers 36).

Wie leicht wäre es für Jairus gewesen, die Menschen zu hassen, die ein Weiterkommen auf dem Weg verhindert hatten. Er hätte sogar die Frage aufwerfen können, was nun wichtiger gewesen wäre. Waren seine eigenen Nöte nicht größer als die der anderen Menschen? Sein Kind war gestorben wegen dieser Verzögerung.

Denken, das sich um das eigene Ich dreht, bringt Verwirrung, aber keine Lösung von Problemen. Gott wirkt in unserem Vorwärtsgehen und auch im Anhalten, und Verzögerungen sind oft bedeutungsvoller als Aktivität. Nur wenige Dinge sind so irritierend wie unkontrollierbare Verzögerungen; ob es eine lange Schlange an der Kasse im Supermarkt ist oder ein Warten in einer wichtigen Angelegenheit, immer wird unsere Selbstdisziplin und Geduld gefordert. Und in wie vielen Situationen im Leben ist es gut zu wissen, daß Gott die Dinge fest in der Hand hat und regiert.

Die Tage Jesus waren mit Unterbrechungen seines jeweiligen Tuns angefüllt, aber sie wurden nie vergeudet; jedes scheinbar zufällige Zusammentreffen war eine Verabredung Gottes. Jairus erlebte die Verzögerung der Reise, aber auch das Gute, das daraus erwuchs, nämlich ein viel größeres Wunder, als er sich je hätte vorstellen können. Der Tod bedeutete für Jesus kein größeres Hindernis als die Krankheit, die er gerade geheilt hatte; nur für die beteiligten Menschen war er eine Krise wegen seiner Endgültigkeit und Trennung.

Als Jesus an dem Haus des Jairus ankam, war da schon eine Menschenmenge versammelt, die den Tod des Mädchens beklagte. Jesus ging hinein und schloß diejenigen aus, die sein Wort ablehnten. In den Raum, in dem das Kind lag, nahm er nur die Eltern mit; er faßte das Mädchen bei der Hand und gebot ihm, wieder ins Leben zurückzukehren. Welche Freude für die Eltern, ihr Kind wieder lebend und gesund zu sehen. Unsere Zeit steht wirklich in Gottes Händen.

Mancherlei Philosophien und Drogenmißbrauch treiben heute viele junge Menschen in eine unwirkliche Welt von Illusionen. Eltern schreien zu Gott um ihre kranken Kinder. Oft meinen sie, Gott habe schon zu lange gewartet, für ihre Kinder gäbe es keine Hoffnung mehr. Aber Gott ruft sie heraus aus der Scheinwelt der Abkehrung von ihm, er kann ihnen neues Leben geben.

Erwählen Sie, wem Sie glauben wollen!

Was wäre gewesen, wenn Jairus an Jesus gezweifelt hätte? Die Leute sagten ihm, sein Kind sei gestorben, aber Jesus sagte: Vertraue mir! Und Jairus vertraute nicht nur, sondern gab Jesus die volle Freiheit, nach seinem Willen und Zeitplan zu handeln, er erlaubte ihm sogar, die klagenden Freunde hinwegzutreiben. Der Trost in Krisenzeiten erreicht uns nur, wenn wir in der Stille mit Jesus allein sind.

Den mächtigsten Verbündeten haben Eltern in Jesus, wenn sie ihm ihre Kinder im Glauben anvertrauen und ihn im Leben ihrer Kinder wirken lassen. Er kann aus Nöten und Krisen Neues werden lassen.

Jairus besaß keine falsche Demut, die eigentlich Stolz ist. Er sagte nicht: »Laß es nur, Herr, ich bin ja nicht so wichtig!« Er erwartete auch nichts weniger als völlige Heilung. Warum hätte er auch weniger erwarten sollen? Gottes Vermögen ist ja nicht begrenzt. Wir müssen nur seine Lösung der Probleme akzeptieren; denn nur dann können sie uns zum Besten dienen.

Die Frau des Jairus muß ein sehr gutes Verhältnis zu ihrem Mann gehabt haben. Sie hat ihn nicht an der Tür mit Kritik über sein langes Ausbleiben empfangen. Sie folgte einfach seiner Führung, obwohl sie das Wunder, das unterwegs geschehen war, nicht gesehen hatte. In der Traurigkeit ihres Herzens wartete sie nur einfach auf Jesus. Können wir heute nicht dasselbe tun?

Jesus heilte nicht nur Kinder, er gab ihnen auch Gelegenheit, ihm in seinem Dienst an den Menschen zu helfen. Kinder sind oft die ersten, die wissen, wenn etwas besonderes los ist. Sie säumen die Straßen, wenn wichtige Persönlichkeiten vorbeikommen. Sie haben ein besonderes Gespür dafür, immer da zu sein, wo etwas geschieht. So war es auch nichts Ungewöhnliches für einen Jungen, ein Vesperbrot einzustecken, sich unter die Menge zu mischen, die am Straßenrand auf Jesus wartete, und dann mitzulaufen bis ans Seeufer oder den Berg hinauf, um den Lehren Jesu zuzuhören.

Niemand in der Menschenmenge wird an jenem Tag von dem Jungen Notiz genommen haben. Alle waren mit den Reden Jesu beschäftigt. Nun breiteten sich die Schatten des Abends über die Hügel. Die Jünger erkannten die Bedürfnisse der Menschen, die den ganzen Tag über mit ihnen gewesen waren. Sie kamen zu Jesus und legten ihm nahe, die Leute doch wegzuschicken, damit sie sich etwas zum Essen kaufen konnten. Aber Jesus schickt keine suchenden Menschen hinweg, ohne ihre Not zu stillen.

Zum Erstaunen der Jünger gebietet er ihnen, die vielen Menschen mit Nahrung zu versorgen. Mehr als 5000 Männer hatten sich da versammelt, dazu kamen noch die Frauen und Kinder. Welche unmögliche Aufgabe gab der Meister ihnen da! Ihr ganzes Jahreseinkommen hätte nicht ausgereicht, um eine solche Masse von Menschen satt zu machen, außerdem gab es in der Nähe gar keine Gelegenheit, um etwas zu kaufen. An diesem Punkt gebietet Jesus ihnen, Inventur zu machen, ihre eigenen Möglichkeiten zu erkennen.

Die Größe der kleinen Dinge

Als die Jünger durch die Menge gingen, entdeckte Andreas einen Jungen, der sein mitgebrachtes Essen nicht verzehrt hatte. Vielleicht hatte er beim Zuhören das Essen vergessen. Aber was war die Ration eines Jungen für so viele Menschen? Nie haben zwei kleine Fische und fünf Brote so unbedeutend ausgesehen.

Als der Mangel offenbar wurde, hat der Junge bestimmt nicht daran gedacht, daß er gebraucht würde, um der Not abzuhelfen. Aber aus irgendeinem Grund wurde er zu Jesus gebracht. Da stand er nun und gab dem Meister seine bescheidene Mahlzeit. Würde Jesus sein Brot und seine Fische essen? Es war ihm wohl klar, daß er selbst dann leer ausgehen würde. Vielleicht hätte er dem großen Lehrer gerne mehr angeboten. Vielleicht erfüllte es ihn mit Stolz, daß er das Geringe von ihm angenommen hatte.

Vielleicht haben die Menschen über dieses kleine Geschenk gespottet, aber sicher sind sie verstummt, als sie das Ergebnis sahen. Eine Mutter hatte ihrem Sohn gegeben, was er brauchte, um seinen Hunger zu stillen, und nun wurde alles, was sie für ihn bereitet hatte, Jesus ausgehändigt. Das Brot wurde auseinandergebrochen und auch der Fisch, nachdem Gott gebeten worden war, die Gaben zu segnen. Die Menschen hieß man, sich in Gruppen zu fünfzig und hundert zu lagern, und dann wurde ihnen von der vorhandenen Nahrung ausgeteilt, die sich während des Teilens vermehrte. Jeder erhielt, was er brauchte, niemand mußte hungrig aufstehen. Die kleinen Körbe, die die Hebräer mit sich nahmen so wie wir heute Taschen tragen, wurden gebraucht, um die übriggebliebenen Brocken aufzusammeln, damit nichts umkommen würde von dem, was Gott gesegnet hatte.

Welch wunderbarer Ausklang eines Tages, der so anders begonnen hatte. Am Morgen waren die Jünger erschöpft gewesen. Sie brauchten unbedingt einen Tag Ruhe, allein mit ihrem Meister. Deshalb waren sie in einem kleinen Boot über den See gefahren und wollten den vielen Menschen einmal entfliehen. Aber ihre Absicht war den Leuten nicht entgangen, und als das Boot am anderen Ufer anlegte, warteten schon Tausende auf sie. Es muß eine große Enttäuschung für die Jünger gewesen sein, daß sie auch an diesem Tag die Gegenwart ihres geliebten Meisters mit so vielen anderen teilen mußten.

Und nun, indem sie den Menschen dienten, wurde auch ihre Not gestillt. Die Last der vorangegangenen Stunden verschwand. Sie waren Teil eines Wunders. Wie oft werden sie ihren Kindern von diesem ungewöhnlichen Tag berichtet haben.

Gott ruft uns in die Stille, damit wir körperlich und seelisch nicht aus den Fugen geraten. Zur Erneuerung brauchen wir aber nicht unbedingt eine lange Zeitspanne. Manchmal haben wir diese Augenblicke mit ihm allein nur während wir kochen oder bügeln oder irgendeine andere Arbeit verrichten, bei der niemand zugegen ist. Es ist die Wirklichkeit der Gegenwart Christi, die uns erfrischt.

Gelegentlich ist es gut, Inventur zu machen von dem, was wir Gott zu bieten haben. Vieles ist schon darüber gesagt worden, daß wir ihm unsere Zeit, Talente und Fähigkeiten geben sollten. Das sollen wir sicher, denn er hat sie uns gegeben. Aber was wir sind, ist noch wichtiger als das, was wir tun. Unsere Haltung und Einstellung zeigt, was wir als Persönlichkeit sind. Wenn unsere Motive rein sind, so kommt das aus der richtigen Haltung und der richtigen Selbsteinschätzung. Es gibt keine großen und kleinen, wichtigen und unwichtigen Leute.

Jedem Menschen ist das Leben von Gott gegeben, der einen Sinn und ein Ziel dafür hat; und wir sollten unser Leben ihm geben, damit er dieses Ziel erreichen kann. Keine der kleinen oder großen Gaben, die wir zu geben haben, reicht aus, um unsere Nöte und Probleme zu lösen. Aber jede unserer kleinen Möglichkeiten, die wir Gott geben, wird in seiner Hand zur überquellenden Fülle.

Gott der Erde und der Meere – mein Gott

Nachdem die Hungrigen gesättigt waren, sandte Jesus seine Jünger in einem Boot über den See. Dann stieg er allein auf den Berg, um zu beten. Zunehmende Windstärke kündigte einen der häufigen Stürme an. Als Jesus über den See schaute, sah er seine Jünger verzweifelt in dem Boot rudern und gegen die Wellen ankämpfen; denn der Wind stand ihnen entgegen. Trotz aller Anstrengungen konnten sie das Boot nicht an Land bringen. Da ging Jesus dem auf und ab tanzenden Boot auf dem Wasser entgegen.

Als die Jünger diese Gestalt auf dem Wasser näherkommen sahen, schrien sie vor Furcht. Da beruhigte sie Jesus: »Seid getrost, ich bin es; fürchtet euch nicht« (Mark. 6, 50)! Der Allmächtige, Allgegenwärtige, der Ich-bin der Schöpfung sprach zu den Menschen im Sturm. Er stieg in ihr Boot, der Sturm legte sich, und sie waren am Ufer.

Einige Monate vorher war Jesus einmal mit seinen Jüngern zusammen in einem Boot, als auch ein Sturm ausbrach. Die Wellen drohten, das Boot umzukippen, in dem Jesus ruhig schlief. Als seine Jünger nach ihm schrien, stand er auf, redete mit dem Wind und den Wellen, und es trat augenblicklich Ruhe ein. Dieser Mensch, der als Sohn des Joseph und der Maria bekannt war, konnte nicht nur Tote erwecken, Dämonen austreiben und unheilbar Kranke gesund machen, ihm waren auch Wind und Wellen gehorsam. Er, der alles geschaffen hatte, besaß Macht über die Naturgewalten.

Er hatte seine Jünger in den Sturm geschickt, und er ging mit ihnen hindurch. In beiden Fällen waren ihre eigenen Anstrengungen völlig unzureichend. Aber wie hätten sie ohne die Stürme je die Macht Gottes erfahren können? Er bewahrt uns nicht vor der Notwendigkeit, den Tatsachen ins Auge zu sehen, aber dann zeigt er uns, daß er Herr über die widrigen Umstände ist. Alles ist ihm untertan; aber durch manche Stürme müssen wir einfach hindurchgehen, um zu erkennen, daß er bei uns ist und alle Macht hat. Ein Tornado wirkt zerstörend, aber in seinem Zentrum herrscht Stille. Auch im Sturm können wir inneren Frieden erfahren, wenn wir in Jesus ruhen; denn wir wissen, daß er die Kontrolle nicht verliert. Er ist Herr über das Leben selbst.

Das große Meer der Menschheit ist aufgewühlt von den Stürmen der Rebellion gegen Gott, von Stürmen der Angst und Furcht. Aber es gibt nichts in dieser Welt, was wir nicht Jesus überlassen können: unsere Gesundheit, Wohnung, Finanzen, Freundschaften, Kinder, Ehemann, Unterhaltung bei Tisch, Kleider, Telefon, Auto, Bankkonto, selbst unsere Wohnungstür. Seine Gegenwart kann jeden Teil unseres Lebens durchdringen. Unsere Ängste und Sorgen schaden uns nur, wogegen Glauben und Vertrauen in Gott in jeder Hinsicht nur förderlich sind. Warum wenden wir uns nicht immer gleich an Gott, statt in Panik zu geraten? Er ist doch der einzige Allmächtige. Und wir können sicher sein, daß er zur Rettung seiner Kinder herbeieilt, wenn sie zu ihm schreien.

Möchten Sie nicht auch zu den Menschen gehören, die erfahren haben, daß seine Macht in allen Lebenslagen ausreicht? Ein Junge, ein zwölfjähriges Mädchen, ein Mann und eine kranke Frau erlebten seine wunderbare Kraft. Auch Sie können sie erfahren, wenn Sie seine Botschaft nicht nur hören, sondern davon Ihr Leben bestimmen lassen. Sie können Großes erleben, wenn Sie Jesus Ihr Leben geben.

»Habe deine Lust am Herrn, der wird dir geben, was dein Herz wünscht. Befiehl dem Herrn deine Wege und hoffe auf ihn; er wird's wohl machen« (Ps. 37, 4–5).

11 Springen Sie! Die Arme Gottes sind stark genug

Mikes blonde Locken leuchteten in der Sonne; seine stämmigen Beine vollführten einen Luftsprung nach dem anderen, und er rief: »Fang mich auf, Vati, fang mich!« Von der obersten Stufe einer steilen Treppe war er bereit, in die Arme seines Vaters zu springen, weil er wußte, daß sie stark genug waren, um ihn aufzufangen. Er sah nicht den kalten Beton unter sich und nicht seinen kleinen, zerbrechlichen Körper. Seine Augen waren nur auf seinen Vater gerichtet.

Ich dachte: O Herr, wären wir doch immer bereit, sie aufzufangen, wenn sie fallen oder springen. Aber als Eltern können wir nicht immer da sein, denn unsere Fähigkeiten sind begrenzt. Wie wunderbar, daß wir unsere Kinder lehren können, in die Arme Jesu zu springen, denn nur bei ihm werden sie völlige Sicherheit finden.

Jesus selber ließ sich so in die Arme seines Vaters fallen. Wir werden geboren, um zu leben; aber vom Augenblick unserer Geburt an bewegen wir uns auf den Tod zu, bis wir durch den Tod hindurch zum ewigen Leben eingehen. Bei Jesus war es anders. Er kam aus der Ewigkeit, wo der Tod keinen Platz hat, in dieses Erdenleben, um zu sterben. Der Tod war die Voraussetzung zu seiner Auferstehung. Die Natur der Menschen, für die er sterben sollte, war das Mittel, um den Plan Gottes auszuführen. Und dieser Plan ging nun rasch seiner Erfüllung entgegen.

In Jerusalem zogen sich die Wolken zusammen. Der lodernde Haß der politischen und religiösen Führer gegen Jesus war allgemein bekannt. Nie vorher hatte jemand die Menschheit so herausgefordert wie dieser Mann. Die Massen waren in Bewegung geraten. Fischer verließen ihre Boote, Steuereinnehmer schlossen ihre Büros. Menschen in Not kamen in Scharen zu dem einen, der jedem einzelnen von ihnen half. Dieser Mensch war zur Gefahr für die herrschende Klasse geworden, für alle Unterdrücker. Man mußte ihn so schnell und so still wie möglich beiseiteschaffen.

Während die führenden Männer in Jerusalem einen Mord planten, erwachte die Natur zu neuem Leben. Es war eine herrliche Zeit zu leben. Der strömende Frühjahrsregen hatte aufgehört, und ganze Büschel von Veilchen blüten im Schutz der Felsen. Die Blüten der Bibernelle fingen an, sich zu entfalten. Die Erde schien in einen Freudentaumel des erwachenden Lebens zu stürzen.

Wenn nur alle fünfzig Jahre einmal Frühling wäre, würde die Welt den Atem anhalten, um die ersten Zeichen seines Kommens nicht zu verpassen. Aber wir sind so mit unseren Nebensächlichkeiten beschäftigt, daß wir von dem ganzen jährlichen Festaufzug oft nichts wahrnehmen. In Jerusalem stand die Atmosphäre von Haß und Neid in scharfem Gegensatz zu der herrlichen Natur. Jesus war gewarnt worden vor der Wut der Obersten, aber unbeirrt ging er den vorgezeichneten Weg seiner Bestimmung entgegen.

Auf dem Weg nach Jerusalem redete er viel mit seinen Jüngern. Als sie nahe an ein Dorf kamen, sagte er ihnen, sie sollten in das Dorf hineingehen und ihm das Hengstfüllen einer Eselin bringen, das sie dort finden würden. Er gab ihnen bestimmte Anweisungen für den Fall, daß sie jemand an ihrem Vorhaben hindern würde. Lukas berichtet im 19. Kapitel seines Evangeliums, in Vers 32: »Und die Abgesandten gingen hin.« Sie setzten ihr Vorrecht nicht durch Fragen oder Zweifel oder logische Argumente aufs Spiel. Sie gehorchten einfach dem klaren Befehl. Wie nötig brauchen wir heute die Einfachheit ihres Glaubens und Gehorsams.

Der Wert des Gehorsams zeigt sich in dem Ergebnis. Sie erlebten die Freude, daß sie alles genauso vorfanden, wie Jesus es ihnen beschrieben hatte. Dort an der Kreuzung stand das Füllen. Als sie es losmachten, fragte sie jemand: »Warum bindet ihr das Füllen los?« Vielleicht haben sie sich dann doch etwas gefürchtet, aber sie antworteten, was Jesus ihnen geboten hatte: »Der Herr braucht es« (Luk. 19, 33–34). Sehr oft, wenn wir im Glauben Gott folgen, stehen drohende und herausfordernde Stimmen gegen uns. Dann müssen wir uns die Verheißungen und Gebote Gottes ins Gedächtnis rufen. Die meisten Probleme lösen sich, wenn wir uns daran erinnern, was Gott uns gesagt hat, und wenn wir entsprechend handeln. Und wenn es dunkel um uns wird, sollten wir nie vergessen, was er uns in hellen Stunden gesagt hat, denn in der Dunkelheit brauchen wir seine Weisungen am meisten.

Das Eselsfüllen, das die Jünger gefunden hatten, war nicht eingeritten. Es gibt kaum eine widerspenstigere Kreatur als einen Esel; aber das Füllen ließ sich losbinden und zu Jesus bringen.

Dieser Esel ist ein gutes Beispiel unseres Lebens ohne Christus: eine widerspenstige, sich auflehnende Natur, die nie gezähmt wurde, gebunden mit den Fesseln der Sünde, bis Jesus uns befreit.

Ein Esel brachte Jesus nach Jerusalem. Vielleicht war es auch ein Esel gewesen, der Maria viele Jahre vorher nach Bethlehem gebracht hatte. Bethlehem war die Station zwischen Himmel und Golgatha; nun näherte sich die Reise ihrem Ende. Für Maria waren es höchst schmerzvolle und quälende Tage. Als das Passahfest herankam, erinnerte sie sich sicher der glücklichen Zeiten, als sie mit Joseph und ihrem Sohn nach Jerusalem gepilgert war. Vielleicht waren einige der Männer, die ihm damals so eifrig zugehört hatten, nun an der Verschwörung gegen ihn beteiligt. Er würde die Pharisäer jetzt aus dem Tempel verstoßen. Aber sie waren die einzigen, die seinen Tod verhindern konnten! Was würde nun mit ihm geschehen?

Jerusalem ist die Ursache für Tränen, Traurigkeit und Freude von Millionen von Menschen. Für Maria hatten andere Städte eine Mischung von Herzeleid und Glück gebracht, vor allem Nazareth. Dort in ihrer Heimatstadt hatten Freunde und Nachbarn und selbst ihre eigenen Kinder die Botschaft und den Dienst Jesu abgelehnt. Hatten sie ihn nicht alle unter sich aufwachsen sehen? Wie konnte er der Messias Gottes sein? Ihre Entscheidungen waren auf menschlichen Überlegungen aufgebaut, die Gott außer acht ließen.

Es war in Nazareth gewesen, wo Jesus die Proklamation aus Jesaja verlesen hatte, die ihn als den Verheißenen identifizierte. Der Zorn der Leute hatte sie zu einem Mordversuch getrieben. Wie blind werden die Menschen oft, wenn sie nur das Äußere eines anderen beurteilen und das Innere, seinen Charakter, ignorieren. Die Unwissenheit zieht Schlüsse von ihrem begrenzten Blickwinkel aus, während die Weisheit den anderen akzeptiert und die Schlüssse Gott überläßt.

Ohne Zweifel hat Maria viele Tränen geweint, als sie das kostbare Geschenk, das Gott ihr gegeben hatte, von ihrer eigenen Familie verworfen sah. Aber sie weinte nicht alleine, Jesus weinte auch.

Seine Tränen galten den Menschen, die Gott erwählt hatte, die aber nichts mit ihm zu tun haben wollten, die die großen Möglichkeiten ihres Lebens verspielten und dafür nur Sorgen und unendliche Not einhandelten.

An dem Tag, an dem Jesus in Jerusalem einzog, schien allerdings kein Anlaß zu Tränen gegeben. Die ganze Stadt schien sein Kommen erwartet zu haben: Die Menschen stürzten sich in einen Freudentaumel, sie bedeckten den Staub der Straßen, durch die der Erwartete ritt, mit ihren Kleidern, sie rissen Palmzweige ab zum Willkommensgruß, und sie schrien und sangen: »Hosianna! Gelobt sei, der da kommt in dem Namen des Herrn« (Mark. 11, 9–10).

Dieser Gruß war vollkommen richtig, er entsprach den Tatsachen, aber die Juden verknüpften eine völlig falsche Vorstellung damit. Sie dachten, wenn der Messias kommt, würde er den irdischen Thron ihres Vaters Davids einnehmen, die Römer aus dem Land hinauswerfen und von Jerusalem aus ein Friedensreich regieren. Aber Frieden kann nicht durch äußere Machtausübung zustande kommen. Wenn die innere Haltung der Menschen sich nicht ändert, kann es keinen dauerhaften Frieden geben. Und dazu war Jesus in diese Welt gekommen, um das Sinnen und Trachten der Menschen zu verändern, um sie zu befreien von der Gebundenheit der Sünde, in die sie durch die Ablehnung Gottes im Paradies gekommen waren. Der Tod ist der Lohn der Sünde. Und Jesus, der Sündlose, nahm freiwillig diese Strafe auf sich, er tilgte die Schuld, die gegen uns stand. Um dieses Ziel zu erfüllen, ging er jetzt nach Jerusalem. Wenn wir seine Liebe und seinen stellvertretenden Tod in Dankbarkeit annehmen, sind wir frei von der Todesstrafe und empfangen ewiges Leben, das der Messias Gottes uns durch seinen Tod erworben hat.

Aber wie schnell akzeptieren wir körperliche Lösungen für geistige Probleme. Wir essen ein saftiges Steak oder Kuchen mit Schlagsahne, wenn unsere Seele nach Liebe hungert, die wir reichlich bei Jesus finden könnten. Wir füllen unseren Körper mit Nahrungsmitteln bis zum Platzen, wenn in Wirklichkeit unser Geist nach dem Brot des Lebens verlangt. Aber seelischen und geistigen Bedürfnissen können wir nicht mit materiellen Gaben begegnen.

Der Lobpreis der Menschenmenge konnte Jesus nicht von dem

Zweck und Ziel seines Kommens abbringen. Er allein wußte, wie kurzlebig diese Stimmung sein würde. Wir Menschen lassen uns durch äußere Dinge motivieren. Extremisten finden immer sehr schnell Anhänger. So hatten es auch einige Stunden später die gedingten Aufrührer nicht schwer, die Massen zu dem Ruf: »Kreuzigt ihn! Kreuzigt ihn!« zu veranlassen.

Die stärkste Motivierung zum Leben wächst aus selbstloser Liebe und im entgegengesetzten Fall aus selbstsüchtiger Gier. Viele Menschen, die an diesem ersten Freudentag in Jerusalem weilten, hatten das erstaunliche Wunder der Brotvermehrung erlebt. Sie wollten Jesus unbedingt zum König machen, weil sie dachten, dann würden sie immer genug zu Essen haben. Könnte das nicht ihr Leben viel leichter gestalten? Andere waren ehrgeiziger, sie wollten jemand sein, und hier sahen sie eine Chance. Gehörten sie nicht zum Fundament der neuen Regierung?

Unter allen Bewunderern und Mitläufern war Judas der erstaunlichste. Er befand sich unter jenen, die am nächsten Morgen hören würden, wie Jesus öffentlich bekundete, daß er keinerlei Absichten habe, den irdischen Thron Davids einzunehmen. Alle ihre Erwartungen machte er zunichte, als er seinen Jüngern sagte: »Ihr wißt, daß in zwei Tagen Passah ist; und der Menschensohn wird ausgeliefert und gekreuzigt werden« (Matth. 26, 2). Die einzige Krone, nach der er trachtete, war die Dornenkrone.

Mehr als zwanzig wichtige Lehren vermittelte Jesus seinen Jüngern an diesem letzten Tag seines Dienstes. Die Geldwechsler und Händler trieb er aus dem Tempel und schaffte eine der Stätte angemessene Atmosphäre. Diese Männer sollten sich nicht länger an ihren von weither kommenden Brüdern, die in Jerusalem Opfertiere kauften, bereichern können.

Nach diesen Geschehnissen fanden sich Jesus und seine Jünger im Hause eines Johannes Markus zusammen, um das Passahmahl zu essen. Der Evangelist Markus beschreibt den Raum, in dem sie sich trafen, als »einen großen Saal, der mit Polstern versehen war« (Mark. 14, 15). Nach dem zeremoniellen Mahl setzte Jesus dort das Gedächtnismahl (oder Abendmahl) ein.

Auch wir brauchen einen solchen »Raum« allein mit Jesus, wo wir die Gemeinschaft mit ihm pflegen können. Gott benutzt manche

Methoden und Gelegenheiten, um in uns den Wunsch nach dieser Gemeinschaft zu wecken. Nicht alle Menschen, denen er solche Gelegenheiten gibt, sind empfänglich dafür. Judas war zweifellos so oft mit Jesus zusammengewesen wie die meisten anderen Jünger. Er hatte von der »Wunderspeise« gegessen und, wie die anderen, war er im Sturm bewahrt worden. Er hatte erlebt, daß Lahme laufen, Taube hören, Blinde sehen konnten und daß Aussätzige gesund geworden waren. Er hatte viele der großen Lehren des Meisters gehört, mit dem er drei Jahre zusammengelebt hatte.

Aber als das Passahmahl beendet war, kehrte Judas Jesus den Rücken und ging in die Dunkelheit der Nacht hinaus, eine Nacht, die für ihn in Ewigkeit andauern wird. Er hatte sich selbst als einen gesehen, der durch Jesus viel gewinnen konnte. Einer, der so unbegrenzte Macht wie sein Meister besaß, würde bestimmt König von Israel werden, und dann hatte er selbst mit einem einträglichen Posten zu rechnen. War er nicht der Kassenverwalter der Gruppe gewesen? Er hatte die volle Verantwortung für alle Ausgaben getragen. Aber jetzt war eine Krise entstanden. Falls Jesus die Königswürde und den Gebrauch seiner überirdischen Kraft, mit deren Hilfe er alle seine Gegner besiegen konnte, ablehnen würde, dann hatte er, Judas, wenig Hoffnung, sein Ziel zu erreichen. Eigentlich hatte er dann nur Schlimmes zu befürchten.

Jesus war eine so starke Persönlichkeit, die außerdem überall bekannt war, daß da kein Raum für zwei völlig entgegengesetzte Machtsysteme blieb. Er mußte entweder siegen oder besiegt werden. Während seines ganzen Lebens hatte er jegliche Begrenzung überwunden – wie Sünde, Krankheit und die menschliche Natur. Was ihm noch zu überwinden blieb, war die Geisteswelt, und die konnte er nur durch seinen Tod besiegen. Er würde sich nicht durch die vorzeitige Besetzung *eines* Thrones ablenken lassen, wenn alle Königreiche aller Zeiten und die Verläßlichkeit der Verheißungen Gottes auf dem Spiel standen. Gott kapituliert nicht vor menschlichen Machtsitzen.

Judas sah nur den Verlust zeitlicher Macht und die persönliche Gefahr durch seine Verbindung mit Jesus. Er mußte einen Weg finden, der seine Pläne beschleunigen würde. Vielleicht hat er seinen Verrat damit gerechtfertigt, daß er sich sagte, er habe nichts zu verlieren. Wenn er die explosive politische Stimmung noch etwas anheizen würde, wäre Jesus dann nicht gezwungen, jetzt gleich den Königsthron einzunehmen? Daß er die Möglichkeit zu solcher Machtentfaltung besaß, hatte Judas ja zur Genüge erlebt. Es konnte eigentlich gar nichts schieflaufen, das heißt, es konnte keine Lage eintreten, die Jesus nicht meistern könnte. Auf der anderen Seite konnte es nur von Vorteil für ihn sein, wenn er bei denen, die scheinbar die Dinge regierten, gut angeschrieben war.

Die Lage, in der sich Judas befand, ist von unserer heutigen gar nicht so verschieden. Jeder von uns hat Pläne und Träume, die gut und praktisch erscheinen. Wenn sie allerdings an den Plänen Gottes gemessen werden, sind sie dumm und unlogisch. So wie Judas, so erkennen auch wir, daß es nur eine höchste Macht in unserem Leben geben kann. Trotzdem liebäugeln wir mit der Sünde und meinen, Jesus besitze ja alle Macht, um uns zu retten. Aber diese Haltung ist falsch und sehr gefährlich. Wenn wir so denken, vergessen wir, daß Gott nichts gegen unsere Entscheidung unternimmt, daß er uns nicht zwingt. Wir haben mit den Ergebnissen unserer Entscheidungen zu leben, emotionell, geistlich und auf jedem andern Gebiet. Judas versuchte, Jesus zu manipulieren, dabei verlor er alles. Wenn wir uns entscheiden, Jesus in unserem Leben regieren zu lassen, statt selbst die Zügel in die Hand zu nehmen, gewinnen wir alles – hier und in Ewigkeit.

Wenn Satan Judas vorgegaukelt hat, der Tod Jesu sei das Ende seiner Herrschaft, dann war das die größte Lüge aller Zeiten. Der Tod auf Golgatha war nicht die Vernichtung Jesu, sondern bedeutet *die völlige Heilung für jeden Menschen,* der dieses Heil annimmt. Tun wir das, besitzen wir eine ähnliche Möglichkeit, wie Jesus sie durch die Hingabe seines Lebens hatte: Durch die willige Hingabe unseres Willens in den Tod wird erst das göttliche Leben in uns wahrhaft wirksam. Der Test echter Jüngerschaft ist die Umwandlung der eigenen Pläne in die Pläne Gottes und des Suchens nach eigener Ehre in das Trachten, ihm zur Ehre zu leben.

Judas war ein Rivale, kein Jünger! Sein billiger Verrat brachte ihm eine Handvoll Silberlinge ein, und er starb als Selbstmörder, noch ehe Jesus als Retter und Heiland sein Leben ließ. Er hat zu früh aufgegeben. Er hat nie die ungeheuren Wahrheiten gehört, die uns in den Kapiteln dreizehn bis einundzwanzig des Johannesevangeliums aufgezeichnet sind. Er verließ die Gemeinschaft der Jünger vor der

Einsetzung des Gedächnismahls. Er erlebte nicht, wie Jesus das Brot segnete und brach, als Symbol für seinen zerbrochenen Leib.

Wenn wir in unserem Leben zerbrochen werden, so geschieht es nicht, um uns einfach zu demütigen und zu zerbrechen, sondern um uns freizumachen von den Dingen, die uns hindern und begrenzen. Das zerbrochene Leben ist das befreite Leben, frei vom eigenen Ich.

»Das ist mein Leib, der für euch gebrochen wird«, sagte Jesus (1. Kor. 11, 24). Viele Jahre zuvor hatte eine junge Frau ihren Körper gegeben, damit Gott in menschlicher Gestalt auf die Erde kommen konnte; und Gott gab sein königliches Leben, damit die vollkommene Göttlichkeit den Menschen offenbart werden konnte. Jesus war vollkommener Mensch und vollkommener Gott. Die Menschlichkeit Jesu wird durch das gebrochene Brot versinnbildlicht und die Göttlichkeit Christi durch den Kelch, an dem alle teilhaben. Als Jesus den Kelch nahm, sagt er: »Dieser Kelch ist der Neue Bund in meinem Blut, das für euch vergossen wird« (Luk. 22, 20). Das Leben ist im Blut, und durch das Blut Jesu haben wir ewiges Leben. In 1. Johannes 1, 7 lesen wir: ». . . das Blut Jesu, seines Sohnes, macht uns rein von aller Sünde.«

Nachdem Jesus Brot und Wein mit seinen Jüngern geteilt hatte, sangen sie den Lobgesang und gingen über den Bach Kidron zu einem beliebten Platz, dem Garten Gethsemane. Jesus ging von dem Gemeinschaftsmahl in die geistliche Schlacht hinein und seinem Sieg entgegen, während seine Jünger einfach einschliefen. Während er betete, verschliefen sie den Besuch der Engel, und sie erwachten erst, als die Soldaten kamen.

Judas war bei ihnen und gab Jesus seinen verräterischen Kuß; er schlug die letzte Chance der Barmherzigkeit Jesu aus. Der Verrat war geschehen. Die beängstigenden Ereignisse, die dann folgten, einschließlich des Verhörs, geben ein Zerrbild von Gerichtsbarkeit. Von Hannas schleppte man Jesus zu Kaiphas und verhängte schließlich das Todesurteil über ihn, was schon vor seiner Festnahme beschlossen worden war. Bezahlte Zeugen sagten gegen ihn aus, was seine Mörder ihnen befohlen hatten.

Als der Morgen heraufdämmerte, erschienen römische Soldaten und die Tempelwache vor dem Palast des Statthalters. Pilatus wurde von dem schreienden Mob herausgerufen. Sie verlangten die Bestätigung des Todesurteils und schreckten gleichzeitig vor religiöser Verunreinigung zurück, sie wollten ja an dem rituellen Fest im Tempel teilnehmen. Deshalb blieben sie draußen vor dem Gerichtsgebäude stehen und achteten sorgfältig darauf, daß der Schatten des Gebäudes nicht auf ihr Gesicht fiel, aber den Schatten der Schuld vergruben sie tief in ihren Seelen.

Pilatus konnte keine Schuld an Jesus finden und wollte kein Urteil fällen. Er schickte Jesus stattdessen zu dem König Herodes, der zu Besuch in der Stadt weilte. Herodes war sehr froh darüber, er hätte schon längst gerne einmal Jesus gesehen und zu seiner Belustigung eines seiner Wunder erlebt. Als Jesus sein Verlangen ignorierte, weckte das seinen Haß gegen den Gefangenen, er ließ ihn schlagen und verspotten wie auch Pilatus es getan hatte. Widerstand und Spott gegen Jesus war etwas Gemeinsames im Leben dieser beiden sich feindlich gesinnten Regenten und verband sie in einer kurzen Freundschaft.

Nach einer Nacht barbarischer Behandlung ließ Pilatus Jesus geißeln, obwohl er von dessen Unschuld überzeugt war. Er fürchtete einen ungünstigen Bericht der Juden an den Kaiser in Rom mehr als den allmächtigen Gott. Er ahnte noch nicht, daß er trotz seiner Willfährigkeit gegenüber den Juden kurze Zeit danach in Rom erscheinen mußte, um sich gegen die Anklagen der Samariter zu verteidigen. Die Geschichtsschreibung berichtet von ihm, daß er sich schließlich selbst das Leben nahm. So wie Judas, so hatte auch er dem sonderbaren Galiläer gegenübergestanden, aber die Ehre bei Gott verachtet, um der flüchtigen Gunst der Menschen willen, die sich schon gewandelt hatten, ehe er sie ergreifen konnte.

Die Reaktionen aller Menschen gleichen sich sehr. Aber wenn sie sich von Gott regieren lassen, ist das Resultat ihres Lebens sehr verschieden. Petrus war seinem Herrn bei dem Passahmahl sehr nahe gewesen. Und hatte er bei der Gefangennahme nicht für ihn gekämpft? Er hatte sogar das Schwert gezogen und einem Knecht das Ohr abgehauen. Aber zu seinem Erstaunen heilte Jesus den Verletzten. Verwirrt durch die Haltung Jesu, die jede Verteidigung ablehnte, verbarg er sich dann in der Menge.

Viele Christen sind bereit, alles für Gott zu tun, wenn sie wissen, daß es zum Erfolg führen wird. Aber nur wenige sind bereit, Dinge zu versuchen, die vom menschlichen Standpunkt aus gesehen unter Umständen scheitern können. Aber Gott kann selbst in den scheinbaren Mißerfolgen wirken.

Als Jesus zum Haus des Hohenpriesters geführt wurde, folgte Petrus von ferne und setzte sich zu den Feinden Jesu. Als er sich an ihrem Feuer wärmte, beschuldigte ihn eine Magd, auch einer von den Kumpanen dieses Jesus zu sein. Prompt verleugnete Petrus seinen Meister. Als andere ihn erkannten, log er. Als er an seiner Sprache erkannt wurde, verschwor er sich gar und verharrte in der Rolle des Verleugners. Dann sah Jesus ihn an, und Petrus dachte an die Worte des Meisters: »Ehe der Hahn kräht, wirst du mich dreimal verleugnet haben.«

Aber welchen Unterschied können wir in dem Endresultat des Lebens von Judas und des von Petrus sehen. Petrus hatte sein Leben ohne Einschränkung (soweit er wußte) Jesus gegeben; aber in der Anspannung eines unerwarteten Geschehens schwankte und fiel er. Bei dieser Gelegenheit erkannte er seine Schwachheit und die Notwendigkeit, durch Jesus gestärkt zu werden. Er blieb nicht in seiner Schwachheit am Boden liegen. In tiefer Buße schaute er auf zu Jesus. Er kehrte zurück zu seinem Herrn, wurde von ihm wieder angenommen und für ein Leben des Dienstes ausgerüstet.

Wir stehen in ernster Gefahr, wenn wir hinter unserem Herrn zurückbleiben und nur noch von ferne folgen. Es ist ganz leicht, sich hinzusetzen und sich von den Aktivitäten der anderen wärmen zu lassen. Petrus wußte, was es bedeutet, seinen Herrn zu verleugnen, aber er kannte auch die Tränen der Reue. Tränen echter Trauer über Sünde und Unrecht gefallen Gott. Er hat verheißen, uns zu trösten und zu reinigen, wenn wir zu ihm kommen, ihm unsere Sünden bekennen und uns von neuem ihm weihen.

In den letzten Stunden des Lebens Jesu überstürzten sich die Ereignisse. Von einem Herrscher zum anderen hetzte ihn der Mob, von der Auspeitschung zur Vollstreckung des Todesurteils auf Golgatha – alles in wenigen kurzen Stunden. Wo waren alle seine Jünger geblieben, als die blutüberströmte Gestalt dort unter der Last des Kreuzes dahinwankte? Soldaten schleppten einen Mann herbei, einen Bauern, namens Simon von Cyrene, der gerade vom Feld kam und mit der schreienden und johlenden Menschenmenge zusammentraf. Sie zwangen ihn, das Kreuz Jesu zu tragen.

Die einzigen Tränen, von denen bei der schrecklichen Kreuzigungsszene berichtet wird, sind die Tränen der Frauen, die die Heilung ihrer Lieben nicht vergessen hatten. Zu ihnen sagte Jesus, als er am Kreuz hing: »Weinet nicht über mich, sondern weinet über euch und eure Kinder« (Luk. 23, 28)!

Nur eine von den Frauen, die unter dem Kreuz standen, erfuhr seine besondere Fürsorge und seinen Schutz vor der fanatischen Menschenmenge. Am Fuß des Kreuzes standen Maria, ihre Schwester, Maria Magdalena und Johannes. In Johannes 19, 26–27 sind uns die Worte berichtet, mit denen Jesus noch in dieser Stunde für Maria sorgte. Er sagte zu ihr: »Weib, das ist dein Sohn.« Und zu Johannes gewandt, sprach er: »Siehe, das ist deine Mutter.« Von dem Tag an nahm Johannes Maria in sein Haus auf.

Etwa 33 Jahre waren vergangen, seit ein alter Mann im Tempel Maria gesagt hatte: »Ein Schwert wird durch deine Seele dringen.« Nun erlebte sie die Verhöhnung und Verspottung dessen, den sie kannte und liebte. Aber sie reagierte nicht mit Selbstmitleid oder gesetzlosem Handeln. Sie wußte ja, wer Jesus war. Sollte sie da nicht in dieser Situation der höchsten Anspannung die Gesinnung reflektieren, die für sein Leben bezeichnend gewesen war?

Sie sah, wie die Soldaten um sein Gewand würfelten, das sie vielleicht mit ihren eigenen Händen gemacht hatte; rechtmäßig hätte es ihr gehört. Sie hörte die verletzenden Worte des Diebes, der mit Jesus gekreuzigt wurde: »Wenn du der Christus bist, dann hilf dir selbst und uns!« Der andere Verbrecher bat: »Herr, denke an mich, wenn du in dein Reich kommst!« Sterbend beobachtete er einen anderen Sterbenden und hatte Glauben genug, um zu erkennen, daß Jesus ein Reich regieren würde, ein Reich, das erst hinter dem Grab anfing. Jesus versicherte ihm: »Heute noch wirst du mit mir im Paradies sein« (Luk. 23, 39–43 auszugsweise)!

Ist es nicht immer so gewesen? Einige Menschen ehren Gott mit ihrem Glauben. Andere suchen nur die zeitliche Befreiung von Schwierigkeiten und Problemen. Die Menschen sterben, wie sie gelebt haben. Der Tod Jesu war noch erstaunlicher als sein Leben, die Reaktionen der Umstehenden unterschiedlich. Einige der Soldaten verspotteten ihn, andere sagten: »Das ist wahrlich Gottes Sohn gewesen!«

Die Gesinnung Jesu zeigte sich noch einmal in ihrer ganzen Größe in den Worten: »Vater, vergib ihnen, denn sie wissen nicht, was sie tun« (Luk. 23, 34)! Wie kann jemand so viel erdulden und dann noch solche Liebe zeigen? Vermehrt die Liebe die Fähigkeit, Schmerzen zu ertragen? Haß und Furcht verkrampfen jedenfalls die Muskeln und verschlimmern ein Leiden.

In den nachfolgenden Stunden traten Ereignisse ein, die viele Menschen doch sehr nachdenklich stimmten. Mittags um zwölf Uhr begann eine Sonnenfinsternis, die bis drei Uhr nachmittags dauerte. In die Finsternis hinein verkündete Jesus seinen Sieg: »Es ist vollbracht!«

Der Vorhang im Tempel zerriß in zwei Stücke, von oben bis unten. Gott zeigte damit, daß der Weg zu seinem Gnadenthron nun frei war für alle Menschen. Jeder Mensch konnte nun im Namen Christi persönlich vor Gott hintreten.

Die Menschenmenge, die auf Golgatha dabeistand und zusah, überkam Angst und Schrecken; sie verließen den Hügel und kehrten in die Stadt zurück. Aber die Tafel, die am Kreuz Jesu angebracht war, verkündete ihre Botschaft in griechischer, lateinischer und hebräischer Sprache: Das ist der Juden König. Königlich hatte Jesus die Dornenkrone getragen bis zum Ende, das in Wirklichkeit ein Anfang war.

Ich habe einmal den Zweig eines Dornenstrauchs in der Hand gehalten, wie sie in Palästina wachsen. Noch nie hatte ich so lange Dornen gesehen. Ich mußte an die erste Erwähnung von Dornen in der Bibel denken. Im ersten Buch Mose werden sie als Ergebnis der Veränderung genannt, die der Sündenfall mit sich gebracht hatte.

Nachdem Jesus gestorben war, wurde er schnell in einem Felsengrab beigesetzt. Die gewaltige Macht des römischen Reiches garantierte eine sichere Verwahrung des Grabes. Aber alle Macht der Erde ist nur erbärmliche Schwachheit gegenüber der Macht Gottes. Keiner der vier Evangelienberichte schließt das Leben Jesu mit dem Grab ab. Denn früh am dritten Tag rollte der Fürst des Lebens den versiegelten Stein von dem Grabeingang und ging als Sieger daraus hervor.

Wir reden zwar von der Kraft Gottes, die das Unmögliche vollbringen kann, aber in Wahrheit verleugnen wir oft diese Kraft. In Römer 1, 3–4 wird uns gezeigt, warum es unmöglich war, daß Jesus im Grab bleiben konnte: ». . . der seiner irdischen Herkunft nach aus dem Geschlecht Davids stammt, der durch die Kraft des Heiligen Geistes eingesetzt ist als Sohn Gottes in Macht aufgrund der Auferstehung von den Toten.«

Warum ist er trotzdem solange im Grab geblieben? Vielleicht war das nötig, um der Welt ein für allemal zu zeigen, daß der Tod absolut keine Macht über ihn hat. Unsere toten Körper tragen nach dieser Zeit die Zeichen der Verwesung, an Jesus war nichts dergleichen wahrzunehmen.

Seine Auferstehung garantiert unsere Auferstehung zum Leben, falls wir in ihm sind. Eines Tages werde ich aus meinem begrenzten Körper ausziehen und einen Auferstehungsleib empfangen, der keinerlei Begrenzung von Raum, Zeit und Verfall unterworfen ist. Wie kann ich ihm je danken für alles, was er für mich erworben hat? Aber nicht für mich und einige Auserwählte allein hat er diese Herrlichkeit errungen. Jeder Mensch, der in Wahrheit danach verlangt und sich gläubig auf ihn verläßt, kann seine Segnungen empfangen. Der Glaube ist kein Sprung in ein unbekanntes Dunkel, denn Christus hat die Finsternis überwunden. Darum können Sie getrost in seine Arme springen.

12 Glücklich und frei – nach dem Grab

Große, behauene Steine lagen auf dem ganzen Platz verstreut, und jeder Stein war mit einer Nummer versehen. Wenn man zu der großen Kathedrale aufsah, die nur zum Teil fertiggestellt war, wurde einem klar, daß die herumliegenden Steine erst benutzt werden konnten, wenn der Bau noch weiter fortgeschritten war. Diese Steine waren vorbereitet worden, lange ehe sie gebraucht wurden. Jeder einzelne war nach dem Plan des Architekten genau behauen und geformt worden.

Unser Leben wird auch so behauen. Marias Leben war nach dem Plan des großen Baumeisters verlaufen. Kein Wunder, daß Frauen auf der ganzen Welt nach ihr benannt werden. Diesem Namen sind viele Bedeutungen gegeben worden, aber nach der Bibel bedeutet er wohl »Bitterkeit«, wie das alttestamentliche *marah* nahelegt. Eine bekannte Konkordanz erklärt den Namen mit »ihre Rebellion«. Maria hatte sich Gott zur Verfügung gestellt, um der Welt Christus zu geben, der ihr Liebe, Vergebung und Heilung von ihrer Rebellion bringen sollte.

Marias »Rebellion« war nicht gegen Gott gerichtet, sondern gegen ihre eigenen Pläne, gegen sich selbst. Sie wählte den Tod ihrer eigenen Wünsche, damit Christus durch sie leben konnte. Und Christus wählte den physischen Tod, um uns wirkliches, göttliches Leben zu erwerben. Sein Leben zeigt uns, wie wir freiwerden können von unserer grundsätzlichen Selbstsucht.

Aber die Aufgabe unserer eigenen Ziele ist kein einmaliger Kraftakt. Ich bin sicher, daß auch Maria ihren Sohn gerne auf dem Thron Davids gesehen hätte. Welcher Lohn und welche Rechtfertigung für sie, wenn sie aller Welt hätte sagen können: Da seht meinen Sohn, jetzt ist er König von Israel! Alles wäre wohl annehmbarer für sie gewesen, als dieser schandbare, schmerzvolle und ungerechte Tod am Kreuz.

Aber die Todesart Jesu war schon vor Hunderten von Jahren vorausgesagt worden. Etwa siebenhundert Jahre vor Jesu Geburt verkündete Micha den Ort seiner Geburt, und David und Jesaja schilderten in bewegenden Worten die Schmerzen seines Kreuzestodes. Sie sagten sogar voraus, daß er in einem geliehenen Grab beigesetzt werden würde. Nicht nur die Einzelheiten von Marias und Jesu Leben waren vorgezeichnet, auch unser Leben ist in seinen Einzelheiten von Gott geplant.

Maria maß nicht die Liebe Gottes zu ihr an der Übereinstimmung seiner Pläne mit den ihren, nicht einmal an dem äußerlichen Erfolg ihres Sohnes. Ich vergesse dagegen manchmal, daß meine Kinder Gottes ausgewählte Geschenke für mich sind und daß er viel besser für sie sorgt, als ich das je kann. Meine größte Liebe für sie ist nur ein Schatten seiner Liebe.

Wie oft habe ich nachts mein Kissen naß geweint, wenn ich meine Hoffnungen und Pläne für meine Kinder mit dem verglich, was sie aus ihrem Leben machten. Ich habe die Enttäuschung erlebt, wie eines meiner Kinder sich immer weiter von Christus entfernte, und ich habe mich gefragt, wie oft ich meinen himmlischen Vater enttäuscht habe, wenn ich meinen Tag ohne ihn gelebt habe. Ich muß gestehen, daß ich oft mehr von meinen Kindern erwartet habe, als ich bereit war, Gott zu geben. Und trotzdem liebt er mich noch.

In dieser Liebe können wir uns geborgen wissen, auch wenn Dinge auf uns zukommen, die uns schrecklich erscheinen. Unser Gott schaut durch die Schatten der Zukunft, er sieht auch die Dinge, die noch schmerzvoller sein können als der Tod. Oft ist es seine Barmherzigkeit, die einem Leben ein Ende setzt, um es vor noch größerem Leid zu bewahren. Kann er nicht heilen? Ja, er kann. Aber jedes Leben muß einmal zu Ende kommen – früher oder später; wir können ihm getrost den Zeitpunkt dafür überlassen.

Der Tod von nahestehenden Menschen ist die erschütterndste Erfahrung im Leben. Er bringt die Veränderung aller Verhältnisse und Tätigkeiten mit sich. Der Tod des Ehepartners stellt die größten Anforderungen an uns in bezug auf Veränderung, Eingewöhnung in neue Verhältnisse und die Beherrschung unserer Gefühle. Die Liebe von Freunden bezieht den einsam Gewordenen eine Weile in ihren Kreis ein, aber selbst die besten Freunde können ihn nicht wirklich verstehen, denn sie haben nicht Gleiches erlebt.

In dieser Situation sind wir versucht zurückzuschauen auf das, was wir verloren haben. Aber die Tür zum Leben muß sich an diesem Punkt nicht schließen, sie kann weiter geöffnet werden als je zuvor; wir müssen nur vorwärts schauen auf das, was wir gewinnen können. Einsamkeit entsteht nur, wenn wir uns zurückziehen, wenn wir uns nicht mehr beteiligen. Mit dem Tod des Ehepartners scheinen manche Menschen ihre Identität zu verlieren. Sie sind nicht mehr Jakobs Frau oder Susis Mann. Aber das ist nicht das Fundament wirklicher Identität, sondern die Tatsache, daß ich Gottes Kind bin, daß ich ein Glied der Familie Gottes bin.

Die Zeit ist uns gegeben, um Dinge zu tun, die wir in der Ewigkeit nicht tun können. Keine Seele wird im Himmel für Christus gewonnen werden. Das muß hier und jetzt geschehen. Wir sind umgeben von Menschen, die wir brauchen und die uns brauchen. Sie dienen uns im Kaufhaus, im Restaurant, auf dem Markt. Sie sitzen mit uns im Bus, in der Eisenbahn und im Flugzeug. Sie warten auf ein freundliches Lächeln, eine helfende Hand und ein verstehendes Herz. Gott hat uns ihnen zur Seite gestellt, damit sie nicht umsonst warten.

Wenn wir auf die anderen zugehen und uns um sie kümmern, wird unser eigener Schock gemildert. Nur wenn wir uns zurückziehen und von den anderen Menschen trennen, können solche harten Erlebnisse uns schaden. Ganz gleich, was wir erlebt haben, der Schaden beginnt da, wo wir uns als Verlierer statt Gewinner betrachten, wo wir die Rolläden herunterlassen, uns abschließen von der Welt und jede Hoffnung begraben. Dieses Verhalten öffnet allen Ängsten die Tür.

Im ersten Kapitel dieses Buches habe ich meine zufällige Heirat geschildert und den daraus resultierenden Schock. Am Anfang meiner Ehe sah ich nur die Träume, die nicht Wirklichkeit geworden waren. Ich sah nur, was ich verloren, aber nicht, was ich gewonnen hatte. Ich dachte, wenn das die Liebe und das Leben ist, möchte ich etwas anderes finden. Viele Alternativen dazu gibt es nicht. Wenn wir nicht lieben, können wir nur ablehnen und hassen oder in Selbstmitleid und Bitterkeit ersticken.

Wenn wir das Leben verneinen, können wir uns nicht nach dem Tod ausstrecken, denn das Leben ist die Vorbereitung auf das, was danach kommt. Der Tod ist eine Tür, durch die wir nur einmal gehen. Wie wir alle wissen, beginnt nach dem Tod die neue Dimension der Ewigkeit, es beginnt das Leben, das dann immer sein wird. Es gibt kein Auslöschen der menschlichen Persönlichkeit. Obwohl wir oft Umwege um unliebsame Erfahrungen machen und sie zeitweise aus unserem Denken verbannen, werden wir doch unweigerlich mit dem konfrontiert werden, dem wir ausweichen wollen. Eigentlich können wir uns solche Fluchtversuche gar nicht leisten, die Kosten sind zu hoch. Wenn wir uns in uns selbst zurückziehen, fliehen wir vor der Verantwortung. Es scheint leichter zu sein, so zu handeln, als neue Interessen aufzubauen, neue Kontakte zu gewinnen und ein anderes Leben zu beginnen.

Ich habe in den letzten Jahren viel mit Frauen gearbeitet, die sich in allen Stadien seelischen Krankseins befanden. In jedem einzelnen Fall gab es einen bestimmten Punkt in ihrem Leben, an dem sie die Verantwortung für ihr weiteres Handeln einfach ablehnten. Ihre Gefühle gipfelten immer in dem Gedanken: Ich muß weg von dem allem . . . Es ist mir ganz gleichgültig, was passiert, es geht mich nichts mehr an.

Aber das stimmt gar nicht, daß es uns gleichgültig ist, was mit uns geschieht. Denn der Wunsch von allem wegzukommen, ist der Versuch, sich vor künftigem Leid und Unheil zu schützen. Es interessiert uns sehr wohl, was mit uns geschieht, aber Gott interessiert es noch viel mehr.

Den meisten seelischen Krankheiten liegt eine wachsende Konzentration aller Gedanken auf sich selbst zugrunde; dadurch werden die Menschen unfähig, die Not der anderen zu erkennen. Es ist ein Abgleiten in die Selbstsucht, wobei man alles, was außerhalb persönlicher Not, Enttäuschung, Schuld, Angst und Bitterkeit über zerbrochene Ideale liegt, ausschließt. Einen Weg heraus aus dieser Situation findet man nicht indem man sich immer mehr in sich selbst verkriecht. Manchmal kann ein Schock über die unerwartete Not eines anderen die Wand, die man um sich aufgerichtet hat, durchbrechen und Hilfsbereitschaft wecken.

Karin bekannte mir, daß sie vor Jahren einmal versucht habe, sich das Leben zu nehmen, weil sie den Konflikt mit ihrer siebzehnjährigen Tochter nicht mehr ertragen zu können glaubte. Drei Tage später wurde ihre Tochter bei einem Unfall schwer verletzt. Karin eilte zu ihr und ging in der Folgezeit ganz in der anstrengenden Pflege auf. Die Tochter genas nur langsam, und Karin erkannte, daß sie dringend gebraucht wurde. Noch heute, Jahre nach diesem Geschehen, betreut sie Patienten, die ihre Hilfe benötigen. Sie ist glücklich, wird geliebt und hat ein neues Leben gefunden, das sie ausfüllt.

Wir können uns nicht in uns selbst zurückziehen, denn unsere Umgebung braucht uns. Solange wir hier sind, hat Gott eine Aufgabe für uns, und mit seiner Hilfe und seiner Kraft können wir sie bewältigen. Schon David hatte erkannt, daß er mit seinem Gott »über die Mauern springen konnte« (Ps. 18, 30). Und wir können es auch!

Ich beobachtete einmal unseren zwölfjährigen Sohn beim Wellenreiten. Er besaß kein teures Surfboard, er benutzte ein einfaches Brett, das gerade groß genug war, daß er darauf stehen konnte; er nutzte die Wellen gerade richtig und segelte aufrecht und frei durch die Brandung. Es war herrlich, ihm zuzusehen. Ich mußte denken: Genauso frei kann ich durch die Wellen der Ängste und Sorgen segeln, die oft auf uns einstürmen, denn Jesus hat zugesagt, daß er bei uns sein will. Wir brauchen den Sturm und die Wellen nicht zu fürchten. Jesus ist da. Keine Welle ist zu hoch für ihn, er bleibt Herr der Lage.

Wir fürchten uns oft und regen uns unnötig über Probleme auf, die nie eintreffen. Ich erinnere mich gut daran, wie vor Jahren die Nachrichtenmedien die Kunde von einem möglichen Zusammenstoß des Mondes mit der Erde verkündeten. Während amerikanische Astronomen die Wahrscheinlichkeit einer solchen Kollision für sehr gering hielten, wurde von manchen östlichen Hellsehern das Ende der Welt für diesen Zeitpunkt vorausgesagt.

Als unsere Kinder an diesem Freitag aus der Schule nach Hause kamen, erzählte Mark: »Mutter, unser Lehrer hat gesagt: ›Viel Vergnügen am Samstag; das soll ja der letzte Tag unseres Lebens sein. Stellt euch vor, wenn das stimmt, braucht ihr am Montag nicht wieder in die Schule zu kommen!‹« Er machte eine Pause und fragte dann gedankenvoll: »Mutter, hättest du Angst, falls der Mond wirklich mit der Erde zusammenknallen würde?«

Als ich an diesem Abend noch zu jedem Kind ans Bett kam, um ihm

Gute Nacht zu sagen und mit ihm zu beten, fragte ich Mark, was er von dieser Geschichte halte, die er da gehört hatte.

Seine Logik war umwerfend. Er erklärte: »Ich glaube nicht, daß das geschieht, weil es nie vorher passiert ist. Gott hat die Erde und den Mond nun schon so lange an ihren Plätzen gehalten. Aber selbst wenn es passieren würde, hätte ich keine Angst, denn Gott gibt acht auf seine Schöpfung. Und wenn es eine gewaltige Explosion geben würde, ginge ich sowieso in den Himmel, und da soll es doch viel besser sein als auf der Erde!«

Einfache Antworten auf gewaltige Fragen, wenn man sie mit den Augen des Glaubens sieht. Einige Minuten später waren beide Jungen fest eingeschlafen. Aber ich konnte mit meinen Gedanken nicht ins reine kommen. Wenn diese Nacht meine letzte auf Erden wäre, was sollte ich dann mit meinen letzten Stunden anfangen?

Unser kleiner Jeff gab die Antwort darauf. Als ich noch in Gedanken versunken dastand, fing er jämmerlich an zu weinen. Ein entzündetes Ohr verursachte ihm Schmerzen, und er war davon aufgewacht. Es dauerte bis fünf Minuten vor ein Uhr (die Zeit der vorhergesagten Kollision), bis ich ihn ganz beruhigt hatte und er wieder eingeschlafen war. Ich drehte das Licht aus, und da geschah etwas Seltsames. Das Licht der drei Birnen verglimmte nur langsam, bis es mit einem letzten schwachen Flackern ganz ausging. Ich sah durchs Fenster und erkannte, daß die ganze Stadt vollkommen im Finsteren lag. Nicht ein einziges Licht war zu sehen, nur der hellste Mond, den ich je gesehen hatte, stand am Himmel.

Ich rückte das Telefon ins Mondlicht und wählte die Nummer des Elektrizitätswerks, jedoch ohne Ergebnis. Dann versuchte ich es mit der Polizeistation; die Leitung war besetzt. Ich wollte meinen Mann anrufen, aber auch er war nicht zu erreichen. Die Vorhersagen der Katastrophe, die erst so lächerlich geklungen hatten, schienen plötzlich gar nicht mehr so lächerlich. Ich dachte an den ewigen Gott, der meine Tage und Jahre geplant hatte, dem nichts entging und der alles in seiner starken Hand hält. Meine Kinder und ich schliefen ruhig in dieser Nacht.

Am nächsten Morgen hörten wir, daß bei einer Massenkarambolage von Autos ein Hauptmast der elektrischen Leitung umgerissen worden und dadurch die gesamte Stromversorgung unterbrochen gewesen war.

Unnötige Angst vor Katastrophen, die nicht eintreffen! Aber Furcht und Traurigkeit können uns auch näher zu Gott führen und unseren Glauben stärken. Wir werden von unseren Erfahrungen mitgerissen wie ein Wellenreiter von der Brandung. Aber wir können wählen, ob unsere Welle uns vorwärts oder rückwärts treiben soll.

Natürlich war Marias Herz mit Trauer erfüllt, als sie ihren Sohn sterben sah. Aber sein Tod war nicht das Ende der Geschichte – er war erst der Anfang. Die Traurigkeit war im Licht der Auferstehung bald vergessen. Maria sah die Wundenmale in den Händen Jesu, aber sie waren das Zeichen der Kraft und der Freiheit vom Tod. Vierzig Tage gewaltigen Geschehens folgten seiner Auferstehung, und dann ging er zu seinem himmlischen Vater.

Nach seinem Weggang erlebte Maria die Gemeinschaft der Jünger und ihre Fürsorge für sie. Sie erlebte die Freude, daß aus anderen, ungläubigen Söhnen treue Nachfolger wurden. Jetzt riskierten sie sogar ihr Leben, indem sie sich als gläubige Nachfolger und Diener Christi erwiesen.

Jesus verließ sie nicht, ohne ihnen vorher seine Gegenwart versichert zu haben. Sie waren an den sichtbaren und fühlbaren Jesus gewöhnt gewesen, der den Gesetzen der Schwerkraft, der materiellen Substanz und der Zeit unterworfen gewesen war. Nun sandte Gott ihnen jemand, der diesen Begrenzungen nicht unterlag. Der Heilige Geist Gottes erfüllte und bereicherte die, welche ihr Leben unter die Leitung und Führung Christi gestellt hatten. Er, der Heilige Geist übernahm das Lehren, Dienen und Erklären des Wortes Gottes in ihrem Leben. Er leitete sie in alle Wahrheit und Weisheit, zeigte ihnen Irrtümer und lebte in ihnen.

Es gibt heute viele Menschen, die sich nach sichtbaren Beweisen des innewohnenden Geistes Gottes sehnen. Es gibt keine Abkürzungswege zu einem wahrhaft geistlichen Leben. Der Geist wird seine Gegenwart offenbaren durch die Früchte, die wir tragen. »Die Frucht des Geistes ist Liebe, Freude, Friede, Geduld, Freundlichkeit, Güte, Treue, Sanftmut, Selbstbeherrschung . . . Wenn wir im Geist leben, so wollen wir uns auch nach dem Geist richten. Laßt uns nicht nach eitler Ehre trachten, einander nicht herausfordern und beneiden« (Gal. 5, 22–23 und 25–26). Wir sollen keine Geistlichkeit zeigen, die uns nur stolz machen würde und andere verletzen könnte, die noch nicht so weit gewachsen sind. Wir sollen auch nicht um geistliche Gaben bitten, die Gott anderen verliehen hat, weil sie in dem Dienst, den sie auszuführen haben, nötig sind. Gott will uns alles geben, was wir brauchen, um das tun zu können, was Gott für uns vorgesehen hat; das mag sehr verschieden sein von dem, was andere zu tun haben.

Die Frucht des Geistes ist das Ergebnis seines Lebens in uns; das läßt uns keine Möglichkeit zum Stolz auf unsere eigene Tüchtigkeit. Es ist Gott, der jedem von uns die Gaben gibt; und wir sollen unsere Gedanken und unser Begehren nach Gott orientieren: »Strebet nach der Liebe! Bemühet euch um die Gaben des Geistes, am meisten aber, daß ihr weissagen möget! Denn wer in Zungen redet, der redet nicht für Menschen, sondern für Gott; denn niemand versteht ihn, vielmehr redet er im Geist Geheimnisse. Wer aber weissagt, der redet den Menschen zur Erbauung und zur Ermahnung und zur Tröstung. Wer in Zungen redet, der erbaut sich selbst; wer aber weissagt, der erbaut die Gemeinde. Ich wollte, daß ihr alle in Zungen reden könntet; aber noch vielmehr, daß ihr weissagen könntet. Denn der da weissagt, ist größer als der, der in Zungen redet; es sei denn, daß er's auch auslege, auf daß die Gemeinde dadurch erbaut werde« (1. Kor. 14, 1–5).

Weissagen bedeutet im Neuen Testament in den meisten Fällen, die gute Botschaft, das Evangelium von Christus zu verkündigen. Und dieses Verkündigen ist nicht auf bestimmte Personen wie Pastoren, Pfarrer oder Prediger beschränkt, sondern, wie Paulus hier klar fordert, alle Christen sollen die Frohe Botschaft verkünden. Das Zungenreden kann eine Erfahrung zwischen einem einzelnen Menschen und Gott sein und ist immer eine Gabe Gottes, die dem betreffenden Menschen helfen kann, aber keinem anderen. Wo immer wir besonderen Wert auf diese Gabe legen, sind selbstsüchtige Motive und geistlicher Hochmut im Spiel.

Vielleicht liegt überhaupt das größte Problem in dem öffentlichen Gebrauch von Gaben, die Gott nur für die ganz persönliche Verbindung mit ihm gegeben hat. Und andere Christen fühlen sich dann minderwertig, weil sie nicht dieselbe Gabe empfangen haben.

Nichts ist weiter von der Wahrheit entfernt als solches Denken, sondern: »Es sind mancherlei Gaben; aber es ist *ein* Geist. Und es sind mancherlei Ämter; aber es ist *ein* Herr. Und es sind mancherlei Kräfte; aber es ist *ein* Gott, der da wirkt alles in allen. In einem jeglichen offenbaren sich die Gaben des Geistes zu gemeinem Nutzen. Einem wird gegeben durch den Geist, zu reden von der Weisheit; dem anderen wird gegeben, zu reden von der Erkenntnis, nach *demselben Geist;* einem anderen der Glaube, in *demselben Geist;* einem anderen die Gabe, gesund zu machen, in dem *einen Geist;* einem anderen die Kraft, Wunder zu tun; einem anderen Weissagungen; einem anderen, Geister zu unterscheiden; einem anderen mancherlei Zungenrede; einem anderen, die Zungen auszulegen. Dies alles wirkt *derselbe eine Geist* und teilt einem jeglichen das Seine zu, wie er will« (1. Kor. 12, 4–11).

Die Gaben sind von Gott und sollen zu seiner Ehre gebraucht werden. Wir haben nur in Ehrfurcht und Liebe zu verwalten, was er uns anvertraut. Und jeder in der Familie Gottes hat seine Gaben, und er hat einen besonderen Zweck zu erfüllen. Wir sind frei von Konformismus, wir brauchen uns nicht einander anzugleichen, wir sollen nur so werden wie Christus. Christus ist gekommen, um allen Menschen zu dienen, und wir sollen dasselbe tun.

Gott hat uns als seine Repräsentanten in unsere Umgebung gestellt. Wenn der Geist Gottes ungehindert die Liebe Christi durch unser Leben anderen Menschen zeigen kann, werden auch wir selbst immer mehr geliebt. So wie er die Niedergedrückten und Traurigen durch uns trösten kann, so werden auch wir getröstet. Indem wir den Menschen in Angst die Verläßlichkeit der Verheißungen Gottes zeigen, wird unser Glaube gestärkt. Derjenige, der das Wasser des Lebens anderen bringt, wird zuerst selbst mit diesem Wasser getränkt. So wie Maria können auch wir uns mit Freuden der Kraft und den Möglichkeiten Gottes zur Verfügung stellen. Das ist die Verantwortung des Christen!

Es sind jetzt 25 Jahre her, seit ich zum erstenmal von der Allmacht und der Liebe Gottes hörte. Ich fragte mich damals: Ist es möglich, daß Gott mich liebt, daß Jesus für mich starb, daß er meine Sünden vergeben und hinweggetan hat, daß der Geist Gottes mein Leben erfüllen will? Ist es möglich, daß alle Unordnung und alle Konflikte in meinem Leben in Harmonie und Schönheit verwandelt werden können? Ist es wirklich möglich, daß ich eine glückliche Ehe führen und einen Sinn in meinem Leben finden kann? Heute muß ich mit allem Nachdruck sagen: »Ja, es ist möglich!« Und was Gott in meinem Leben getan hat, will er auch in Ihrem Leben vollbringen. Gott kennt kein Ansehen der Person. Er liebt alle Menschen gleichermaßen.

Haben Sie noch Zweifel in bezug auf Ihre Zukunft? Denken Sie an die lieblichen Früchte des Geistes aus Galater 5: Liebe, Freude, Friede, Geduld, Freundlichkeit, Güte, Treue, Sanftmut, Selbstbeherrschung. Alles das wartet auf Sie. Sie können es haben in Jesus Christus. Wenn Sie ihm Ihr Leben öffnen, wird Ihnen sein Leben zuteil. »Wie viele ihn aufnahmen, denen gab er Macht, Gottes Kinder zu werden, die an seinen Namen glauben« (Joh. 1, 12). Lassen Sie Gott nicht warten! Er ruft Sie jetzt, um Sie in seine Familie aufzunehmen!

Wenn Sie sich ihm anvertrauen, werden Sie bald überall in Ihrem Leben die Gegenwart Gottes erfahren. Er ist Wirklichkeit, und er ist ganz nahe. Die ganze Erde und die Geschichte der Menschheit verkünden sein Wirken.

Unsere Tochter Joy hatte einmal einen Traum, den sie mir erzählte und den ich hier weitergeben will. Zusammen mit zwei Freundinnen stieg sie auf einem grünen Pfad einen wunderbar sonnigen Hügel hinauf. Der Himmel war herrlich blau, und Vogelgezwitscher erfüllte die Luft. Als sie auf dem Gipfel des Hügels angekommen waren, wanderten sie einfach weiter in den Raum hinaus. Joy erzählte mir: »Mutter, es war fantastisch! Ich habe immer Angst gehabt vor dem Fliegen, aber das war großartig. Ich ging wie auf einem Teppich von goldenen Wolken ohne Anstrengung immer höher hinauf. Ich sah andere Gruppen, und von allen Richtungen kamen Menschen. Wir alle wanderten, sangen und lachten zusammen. Ich habe nie so schöne und glückliche Menschen gesehen. Aber als wir so durch den Raum gingen oder flogen, schaute ich mich nach meinen Freundinnen um. Eine war da und lachte und sang wie wir alle, aber die andere war nirgends zu sehen. Du und Vater und meine Brüder gingen ein Stück weiter vorne, und viele Bekannte waren da, aber meine Freundin fand ich nicht, und ich wußte, daß ich sie nie wieder sehen würde.«

Viele Menschen haben ähnliche Träume gehabt. Sie sind keine Phantasie, sondern haben ihren Ursprung in dem Wort Gottes. Eines Tages werde auch ich mit Jesus gehen und nicht mehr an Raum und Zeit gebunden sein. Möchten Sie nicht mitgehen?

»Denn der Herr selbst wird mit befehlendem Wort, mit der Stimme des Erzengels und mit der Posaune Gottes vom Himmel herabkommen, und zuerst werden die Toten, die in Christus gestorben sind, auferstehen. Danach werden wir, die wir noch am Leben sind, zugleich mit ihnen in Wolken in die Luft entrückt werden, dem Herrn entgegen; und so werden wir bei dem Herrn sein für alle Zeit« (1. Thess. 4, 16–17).

Ein weiteres Buch der Verfasserin:

June Miller
WARUM SINKEN, WENN DU SCHWIMMEN KANNST?
Sieben Schritte für eine Frau zu einem frohen Leben
Edition C, Nr. F 25, 96 Seiten

In diesem ganz persönlichen Buch wird aufgeräumt mit jenen Klischees, die lebendige und praxisbezogene Wahrheiten Gottes so lange verschleiert haben.

Wenn vollkommenes Glück in sieben Päckchen vermittelt werden könnte, wie viele würden wir nehmen?
June Miller öffnet sie für uns. In ihnen liegt das Geheimnis zu einem frohen Leben, das ein Heim und die Menschen, die darin leben, verändert.

Informieren Sie sich auch über die weiteren Titel in unserer Reihe
»Brennpunkt – Die Familie«

Verlag der Francke-Buchhandlung GmbH
Marburg an der Lahn